基于广西地方实践的清廉乡村建设研究

龙培林 著

湘潭大学出版社
XIANGTAN UNIVERSITY PRESS

图书在版编目（CIP）数据

基于广西地方实践的清廉乡村建设研究 / 龙培林著.

湘潭 : 湘潭大学出版社, 2025. 4. -- ISBN 978-7-5687-

1765-6

Ⅰ. D630.9

中国国家版本馆CIP数据核字第20254KD097号

基于广西地方实践的清廉乡村建设研究

JIYU GUANGXI DIFANG SHIJIAN DE QINGLIAN XIANGCUN JIANSHE YANJIU

龙培林 著

策划编辑：肖 迪
责任编辑：肖 迪
装帧设计：悟阅文化
出版发行：湘潭大学出版社
社 址：湖南省湘潭大学工程训练大楼
电 话：0731-58298960 0731-58298966（传真）
邮 编：411105
网 址：http://press.xtu.edu.cn/
印 刷：四川省东和印务有限责任公司
经 销：新华书店
开 本：880 mm×1230 mm 1/32
印 张：7.5
字 数：180 千字
版 次：2025 年 4 月第 1 版
印 次：2025 年 4 月第 1 次印刷
书 号：ISBN 978-7-5687-1765-6
定 价：69.00 元

前　言

党的二十大报告强调要全面推进乡村振兴，意味着我国施行乡村振兴战略进入了新阶段，基层治理现代化进程加速推进。乡村是国家治理体系的“神经末梢”，是我党在基层各项工作的出发点和落脚点，乡村建设是国家现代化建设的重要内容。随着全球治理格局深刻调整和国内改革发展步入深水区，尤其是党的二十届三中全会进一步系统部署了新时代全面深化改革的目标任务以及《乡村全面振兴规划（2024—2027年）》的发布，表明了清廉乡村建设作为国家治理体系和治理能力现代化在基层的具象化实践，不仅承载着推进全面从严治党向基层延伸的政治使命，更肩负着为乡村振兴注入廉洁动力的时代使命。

中国共产党自成立以来，始终将乡村社会的革新和发展视为我国革命、建设和发展的重要起点，广袤的乡村领域一直都是其关注的焦点。长期以来，我党围绕乡村社会独特的政治结构、经济体系、文化发展等多个维度，展开了一系列深入而系统的实践探索，推动我国的乡村建设事业实现了全面小康的历史性跨越，取得了举世瞩目的成就。在达成全面小康目标之后，我党对乡村工作的重心进行了由脱贫攻坚转向全面推进乡村振兴的历史性转移。从“历史性”这一词的表述中，我们能够深刻感受到乡村振兴的全面推进并非一项短期的阶段性任务，需要我们具备深远的历史视野和持久的耐心；从“转移”这一词的表述中，我们也可深刻理解到乡村振兴并不仅是脱贫攻坚的简单延伸，而是需要我们以更为前瞻性的眼光和系统性的思维去深入思考和推进。

在各地积极探索乡村建设和发展的过程中，“清廉乡村”成为浙江、广西、内蒙古等地重点探索和推进的内容。经过实践探索，这些地方取得了一定的成效并形成了独特的经验，为推进乡村振兴、实现乡村现代化探索了一条可借鉴、可推广且需更进一步深入研究的乡村治理与发展之路。这条路是乡村全面振兴的应然选择，是全面从严治党向乡村基层纵深发展的内在规定，是“以人民为中心”发展的实践要求，同时也是推进国家治理体系和治理能力现代化，走向共同富裕的必然选择。遗憾的是，“清廉乡村”在多地成为清廉建设的重要单元、板块之后，却鲜有专家学者对这个领域进行专项研究。目前，在中国知网对“清廉乡村”进行检索，除了大量的工作信息类的新闻报道，从学理的层面对“清廉乡村”建设进行系统梳理和研究的成果非常少。

广西作为边疆民族地区、乡村振兴重点帮扶县较多的地区，自党的十八大以来，努力探索利用“山清水秀生态美”的生态优势向发展优势转化。在这个过程中，势必存在乡村资源开发、土地流转、边境贸易、集体经济监管、项目招投标等环节的廉洁风险，以及民族地区传统廉洁文化与现代化治理理念之间的创新融合问题，这些都为清廉乡村建设研究提供了丰富的实践场域。近几年，恰逢广西在重点推进“清廉广西”建设工作，而“清廉乡村”建设工作是属于“清廉广西”建设的重要工作单元。鉴于笔者读博期间主要专注于马克思主义中国化研究，乡村的治理与发展属于马克思主义中国化研究的重要内容，故本书以此为视角，立足广西的实践样本，从学理的维度展开研究。首先，对清廉乡村建设的概念、时代背景、政策支持、价值意义进行分析。其次，从马克思主义经典作家的相关思想、中国共产党及主要领导人的相关思想、中华优秀传统文化的相关思想、西方文化中的相关思想等四个方面挖掘清廉乡村建设的理论基础。再次，对中国共产党成立以来在四个不同历史时期的清廉乡村建设历程进行梳理。最后，以广西清廉乡村建设为范本进行实践分析，通过对不同维度、不同板块的代表性案例的梳理，归纳其实践过程中的特点以及实践经验，并结合现实的困境，尝试提出进一步推进清廉乡村建设工作提质增效的现实路径。通过系统性研究，思考和探索促进乡村发展的新路径。

本书成稿正值党的二十大开启新征程之后，期望通过对广西实践的深度解析，为全国清廉乡村建设提供一些可借鉴的经验范式。此外，需要说明的是，一方面，清廉乡村建设是一项动态推进的工作，本书在调研和撰写中，不时会有新的政策和提法提出来，因成书有一定的时间跨度，故成果呈现出来时有些成效、经验和提法可能已有了新的定调。另一方面，本书的研究视角专注于广西，虽然在创作中也综合参考了浙江、内蒙古等地的探索情况，但不够深入，即便是对广西的地域探索，面也还不够广，在学理和实践案例的分析上还不够具体、深刻和全面。这些短板与不足，均是本研究下一步需要提升和完善的地方。乡村振兴的壮美画卷正在绘就，清廉建设恰似画轴上的经纬线，期望能与更多致力于研究此课题的读者共同深入研究、持续探讨并有新的突破。

本书中不妥与不当之处，敬请读者包涵与理解。

龙培林

2025年2月14日

目录

CONTENTS

第一章　清廉乡村建设概述

清廉乡村建设是新时代基层建设的创新之道，是提高基层治理效能的必然之法，在国家治理现代化中起着基础性作用。随着清廉乡村建设在全国各地如火如荼地开展，“清廉乡村”这一概念在近几年开始受到学界的高度关注。为了深入探讨清廉乡村建设在广西的具体实践，我们有必要从宏观角度对清廉乡村建设的概念、所处的时代背景、政策上的支撑及其建设的重要性进行详细阐述。

一、清廉乡村建设的概念界定

近几年，学术界对“清廉乡村建设”这一主题的研究热度不断升温，然而，目前对“清廉乡村建设”这一概念尚未形成一个普遍认可的定义。实际上，“清廉乡村建设”是一个包含丰富内涵的复合概念，要深入理解其含义，首要任务是清晰界定“清廉”“乡村”“建设”这三个核心概念。

（一）“清廉”释义

“清廉”一词是由“清”和“廉”两个字组合而成的，它代表了一种道德品质和行为准则。在现代社会中，人们对“清廉”这一概念的理解和认识基本趋于一致，没有太大分歧。

何为“清”呢？“清”这个字最初的意思和最广泛的理解，均是用来形容水的澄清、清澈。“清”在我国最早的字典《说文解字》中被定义为“朗也。澄水之儿”[①]，即水净透明，是使水澄澈后的样子。“清”的含义在时间流变中，得到进一步丰富发展，主要表现在两个方面。一方面是指个人做人的精神品格——纯清高洁。如在《韩非子·饰邪》中：“故镜执清而无事，美恶从而比焉；衡执正而无事，轻重从而载焉。”[②]另一方面是指为官廉洁清正。如《尚书·虞书·舜典》中记载：“夙夜惟寅，直哉惟清。”[③]《庄子·说剑》中记载：“诸侯之剑，以知勇士为锋，以清廉士为锷。”[④]

此外，在《辞海》中我们也可以看到，“清”除了“水澄澈”之意外，还有“洁净、纯洁”“廉洁、不贪污”[⑤]的意思，后被引申为纯洁、公正。当然，“清”也还经常在古代医学书籍中出现，如中医四大经典之一《黄帝内经》中“六元正纪大论”篇记载：“清先而劲，毛虫乃死，热后而暴，介虫乃殃。”[⑥]以及在“至真要大论”篇中记载：“治诸胜复，寒者热之，热

①〔汉〕许慎撰；思履主编．说文解字详解 [M]. 北京：中国华侨出版社，2016: 305.

② 张觉译注．韩非子译注 [M]. 上海：上海古籍出版社，2012:138.

③ 王世舜，王翠叶译注．尚书 [M]. 北京：中华书局，2012:27.

④ 方勇译注．庄子 第 2 版 [M]. 北京：中华书局，2015:530.

⑤ 辞海编辑委员会．辞海（第 2 卷）[M]. 上海：上海辞书出版社，1999:2555.

⑥ 周鸿飞．范涛点校．黄帝内经素问 [M]. 郑州：河南科学技术出版社，2017: 146.

者寒之，温者清之，清者温之……”[①]

那何为“廉”呢？对于“廉”的解读较为复杂、多维。在汉语里，“廉”最初是指“堂隅”或器物的棱角、侧边。东汉时期著名的文字学家许慎在《说文解字》中解释为“廉，仄也”。[②]即堂屋的侧边、转角之处。而侧边和转角必然是有棱有角，所以“廉”很早以前就被引申为“有棱有角”，如《礼记·月令》中就说道：“其器廉以深。”[③]而“有棱有角”又被进一步引喻为正直、端方、讲原则。如在《尚书·虞书·皋陶谟》中“九德”之一就是“简而廉”[④]。“廉”还有一种比较少见的用法，即考察、查访。如《汉书·高帝纪第一下》中记载：“且廉问，有不如吾诏者，以重论之。”[⑤]此外，明末清初的学者黄生在《义府·廉》中说道：“周礼天官：以六计弊群吏，如廉善、廉能之类。此廉字作察字解……”[⑥]除了上述之意，“廉”还有一层最接近现代意义的含义，即廉价与廉洁。“廉价”之意在北宋王禹偁的《黄州新建小竹楼记》中“以其价廉而工省也”[⑦]得以体现。“廉”与“贪”“耻”相对，意为不贪婪而有知耻之心，其作为“廉洁”之意在古文中是有确凿依据的，如

---

① 周鸿飞．范涛点校．黄帝内经素问 [M]. 郑州：河南科学技术出版社，2017: 177.

②〔汉〕许慎撰；思履主编．说文解字详解 [M]. 北京：中国华侨出版社，2016: 254.

③〔元〕陈澔注；金晓东校点．礼记 [M]. 上海：上海古籍出版社，2016:192.

④ 王世舜，王翠叶译注．尚书 [M]. 北京：中华书局，2012:35.

⑤〔汉〕班固．汉书 [M]. 北京：中华书局，2007:13.

⑥〔清〕黄生撰；黄承吉合按，包殿淑点校．字诂义府合按 [M]. 北京：中华书局，1984:126.

⑦ 潘守皎．王禹偁评传 [M]. 济南：齐鲁书社，2009:189.

北宋包拯在《乞不用赃吏》中曰："臣闻廉者，民之表也；贪者，民之贼也。"[①]《汉书·东方朔传》中曰"割之不多，又何廉也！"[②]《孟子》中曰："可以取，可以无取，取伤廉。"[③]均表达人清白廉洁的意思。屈原在《楚辞》中将"廉"上升为"思想行为廉洁、清正"[④]，引申为节俭、检点。这些均符合《辞海》中"廉洁，不贪污"[⑤]的解释，即不受不污为廉洁，也印证了《广雅·释诂》中"廉，清也"的阐释，以"清"注"廉"，是对"廉"的最好诠释。当下，"廉"主要用于政治领域，用以指政府工作人员在履职过程中公平公正、俭朴节约、严于律己，不偏袒徇私、不贪污受贿。

随着历史的发展和文化的积淀，"清"与"廉"这两个字逐渐被人们合用，形成了日常用语中的习惯用法，如清廉洁直、淡泊清廉等。通过以上对"清"与"廉"两个字的词源探讨，我们可以发现，在中国古代社会，"清廉"不是一个简单的词汇，它代表了对个人的一种重要的道德要求和行为规范。对各级政府工作人员而言，"清廉"是一种必备品质，它要求他们应该具有刚正不阿、廉洁从政、清正廉明的品格与作风。

进入新时代，我们党和国家对清廉建设进行了全面而系统的设计和规划，使得清廉建设达到前所未有的高度和深度。首先，进一步拓宽了清廉所涉及的对象范围，由最初行使公权力

---

① 程少华编著；中国国学文化艺术中心组编．崇正义[M]．北京：人民出版社，2016:80.

②〔汉〕班固．汉书[M]．北京：中华书局，2007:652.

③〔战国〕孟子．孟子[M]．哈尔滨：北方文艺出版社，2018：116.

④ 王德有，陈战国．中国文化百科[M]．长春：吉林人民出版社，1991:118.

⑤ 辞海编辑委员会．辞海（第2卷）[M]．上海：上海辞书出版社，1999:2324.

的政治个体扩展为涉及政治权力的全员，包括基层人员。其次，进一步强化了规范清廉言行的力度，从过去相对软性的道德规范要求上升到了刚性的政治法律制度的高度。再者，进一步优化了清廉的作用机制，不再像以前那样仅局限于依赖个体道德自律，而是发展成为国家政治生态的关键推动力，通过内在道德律令与外在规章制度、正式与非正式机制的协同作用，清廉建设正日益演变成为一个全方位、多层次的治理体系。

（二）“乡村”释义

“乡村”一词在我们的日常生活和工作中被频繁提及使用，它是一个充满温馨与宁静的词语。然而，要想真正深入理解并准确把握“乡村”的含义，我们首先需要对构成它的两个汉字——“乡”和“村”，进行详细的溯源和剖析。

何为“乡”？在篆文中，一座城邦世代居住着血脉相通的人，便是“乡”之意。对“乡”的理解，可以从三个方面展开。其一，体现一定的空间属性，“泛指城市以外的地区”[①]。其二，体现一定的文化心理，尤指在客地称为原籍、出生之地或家乡。其三，属于农村基层行政单位，据有些资料显示，乡制始于周朝，秦汉之后乡属于县以下的行政区划。我国在1958年成立人民公社之后乡被撤销，直到1982年才恢复。“乡”所指的行政范围在不同历史阶段和不同的地理区域中，其界限和范围一直在发生变化。尽管如此，它所蕴含的乡土文化属性和精神内涵却始终贯穿其中。从这一层面来理解“乡”的话，我们可以将“乡”定义为在特定的国家行政区域框架内，能够使

① 辞海编辑委员会. 辞海（第1卷）[M]. 上海：上海辞书出版社,1999:259.

居住者产生认同感和归属感的空间文化区域。

何为“村”?“村”作为名词使用时，具有两种含义。其一，指的是村庄。如陆游在《游山西村》中提到的“山重水复疑无路，柳暗花明又一村”和陶渊明在《桃花源记》中提到的“村中闻有此人，咸来问讯”，这两句诗中的“村”均为村庄之意。其二，指的是农村基层组织。如村邑、村郭、村镇等。而“村”作为形容词使用时，则包含粗俗、土气之意，代表一种落伍、粗俗的言行与思想，如村姑、村蛮等。

何为“乡村”?通过查阅资料，我们可以发现，在历史的长河中，古今有不少文人墨客在其诗词歌赋中使用过“乡村”一词，然而，在不同的文学作品中，“乡村”之意却有所侧重。譬如，作为山水诗派鼻祖的谢灵运在诗作《石室山》中描述石室山的美景无人迹所至时写道：“乡村绝闻见，樵苏限风霄。”[①] 唐宋八大家之一的韩愈在《论变盐法事宜状》中驳斥张平叔提出的盐法条款时写道：“臣以为乡村远处，或三家五家，山谷居住，不可令人吏将盐家至户到。”[②] 北宋诗人苏舜钦在《上范公参政书》中写道：“又不可全依汉制，人人尽取，恐下户贫民难以应给。况乡村之间，徭役已多……”[③] 此三处提及的“乡村”，取“村庄”之意。清朝杰出文学家蒲松龄在反讽统治者将灾民送回原籍等死的“恩典”而作的《流民蒙君恩，载送东

① 胡大雷著，胡大雷注．谢灵运 鲍照诗选 [M]. 北京：中华书局，2005:26.

②〔唐〕韩愈著；马其昶校注；马茂元整理．韩昌黎文集校注 [M]. 上海：上海古籍出版社，2014:722.

③〔宋〕苏舜钦著；傅平骧，胡问陶校注．苏舜钦集编年校注 [M]. 成都：巴蜀书社，1991:544.

归》中写道："家中逃者方出门，旧年逃者返乡村。"①唐代诗人王维在《同卢拾遗过韦给事东山别业二十韵给事首春休沐维已陪游及乎是行亦预闻命会无车马不果斯诺》中写道："闺风首邦族，庭训延乡村。"②此两处"乡村"取"家乡、故乡"之意。现代诗人艾青在《献给乡村的诗》中写道："我想起乡村田野上的道路——用卵石或石板铺的曲折窄小的道路。"③此处之"乡村"泛指"农村、村庄"。

《辞源》将"乡村"释义为主要从事农业、人口分布较城镇分散的地方。美国社会学家雷德菲尔德指出："乡村是人口稀少、比较隔绝、以农业生产为主要经济基础、人们生活基本相似，而与社会其他部分，特别是城市有所不同的地方。"④以上两种定义都是将农业生产作为乡村的主要职能，以及将分散的人口布局作为界定乡村概念的标志，是比较传统的乡村观。但是随着时代不断向前推进，乡村在国家发展中的地位角色、作用价值以及社会属性都发生了重大变化。加之在学科分类更加科学和精细的背景下，如区域地理学、行政管理学、社会学、文化学、人类生态学、城乡规划学等，这些学科对"乡村"概念的阐释也大不相同。如果再沿用传统的"乡村"概念，则不能满足时代发展要求。因此，对"乡村"的理解，要与时俱进，突破传统思维的界限，赋予其现代社会的意蕴。

---

①〔清〕蒲松龄著；赵蔚芝笺注．聊斋诗集笺注 [M]. 济南：山东大学出版，1996:463.

②〔唐〕王维著；〔清〕赵殿成笺注；白鹤校点．王维诗集 [M]. 上海：上海古籍出版社，2017:23.

③ 艾青．艾青诗选 [M]. 北京：作家出版社，2018:203.

④ 陈兴中，周介铭．中国乡村地理 [M]. 成都：四川科学技术出版社，1989:10.

在此，本书认为，“乡村”与城市有一定的区别，是城市以外的相关社会主体在从事生产及其他各类社会活动中所构成的地域共同体，包括乡镇和村庄等，本质上体现为乡村各种社会关系的总和。在中国共产党领导下的乡村，是复合型共同体。具体而言，在地位价值上，“乡村建设，实非建设乡村，而意在整个中国社会之建设，或可云一种建国运动。”[①] 乡村是国之根脉，是国家治理体系的神经末梢和最基本的治理单元，乡村建设有序是整个社会稳定繁荣的基础，乡村建设的成效直接关系到国家治理现代化的质量和水平，乡村是否能够得到发展和振兴，对解决新时代社会主要矛盾以及实现中国式现代化目标具有至关重要的作用。在功能作用上，现代乡村的功能已趋于多元化，除了传统的农业生产，新兴的休闲农业、特色农业、红色旅游、乡村旅游、康养旅游等产业，均丰富了乡村的生产功能。此外，乡村的生活、生态和文化功能也在持续地被挖掘或重塑。在社会属性上，作为熟人型、封闭型、原生型的传统乡村正被信息、技术、权力、资本等因素逐步瓦解，而一个开放型、动态型、复合型的新型乡村社会关系和社会空间正在被重新构建。

（三）“建设”释义

“建设”这一概念内涵丰富，运用广泛。从基本定义来看，“建设”就是创立、建立、设置，其中包含着多个维度的意思。其一，是物质层面的建造与增设。如《汉书·叙传第七十下》

---

① 梁漱溟．梁漱溟全集（第 2 卷）[M]. 济南：山东人民出版社，2005:161.

中记载："建设藩屏，以强守圉。"[①]即城池、屏障、道路等基础设施的建造。其二，是国家层面的发展。如《史记·秦始皇本纪》中记载："夙兴夜寐，建设长利，专隆教诲。"[②]《墨子·尚同中》中记载："古者上帝鬼神之建设国都，立正长也，非高其爵，厚其禄，富贵佚而错之也。"[③]其三，是精神层面的提升。如1919年8月1日，孙中山先生为在上海创办的杂志《建设》撰写的发刊词中写道："故发刊《建设》杂志，以鼓吹建设之思潮，展明建设之原理，冀广传吾党建设之主义，成为国民之常识，使人人知建设为今日之需要，使人人知建设为易行之事功。由是万众一心以赴之，而建设一世界最富强最快乐之国家，为民所有、为民所治、为民所享者，此《建设》杂志之目的也。"[④]此处"建设"一词的使用，实现了其词义的现代化转向，包含着开创新事业、开拓新思想、创造新文化的意思。

概而言之，"建设"这一概念兼具物质性与精神性，既有物理空间的建造与增设，也有精神层面的创立与提升。建设不局限于实体建筑物的落成，还涵盖了文化、教育、科技等多方面的进步与创新。通过建设，我们能看到城市、乡村基础设施的完善和外形风貌的改变，也能感受到社会文明程度的提升和人们思想观念的更新。建设具有时间上的过程性和空间上的宽广性，从经济基础到上层建筑，从物质生活到精神追求，无

---

①〔汉〕班固.汉书[M].北京：中华书局,2007:1007.

②〔汉〕司马迁撰；韩兆琦评注.史记 评注本（第1册）[M].长沙：岳麓书社,2012:133.

③ 方勇译注.墨子[M].北京：中华书局,2015:100.

④ 孙中山著；尚明轩主编.孙中山全集 第2卷[M].北京：人民出版社,2015:285.

一不体现着建设的双重属性。因此，建设既是社会发展的驱动力，也是衡量一个国家、地区综合实力和文明程度的重要指标。

（四）“清廉乡村建设”释义

乡村建设早在民国时期的“乡治”“村治”“乡村教育”等活动中就已经初见端倪。实业家卢作孚最早提出“乡村建设”的见解，但他没有对何为“乡村建设”进行明确界定。我国乡村建设运动主要发起人之一的梁漱溟认为，乡村建设包含“救济乡村”和“创造新文化”两层意义，提出：“因为乡村破坏而有救济乡村运动，这尚是乡村建设之由来的浅一层的意思；更深一层言之，乡村建设之由来，实由于中国文化不得不有一大转变，因为要转变出一新文化来，所以才有乡村建设运动。”[①] 进一步提出乡村建设“要先从乡村组织做起，从乡村开端倪，渐渐地扩大开展成功为一个大的新的社会制度”[②]。此外，另一名乡村建设运动的代表人物晏阳初在前人的基础上指出：“乡村建设是整个新社会结构的建设，并非是头痛医头、脚痛医脚的事，而是从根本上谋整个的建设事业，所有文化、教育、农业、经济、自卫等各方面工作都是相互连贯的。”[③]

在深入探讨和分析了“清廉”“乡村”“建设”三个概念的起源和内涵之后，我们可以得出“清廉乡村建设”这一理念所

---

① 中国文化书院学术委员会编；梁漱溟著．梁漱溟全集（第1卷）[M]. 济南：山东人民出版社，1989:610.

② 中国文化书院学术委员会编；梁漱溟著．梁漱溟全集（第1卷）[M]. 济南：山东人民出版社，1989:720.

③ 晏阳初．平民教育与乡村建设运动 [M]. 北京：商务印书馆，2017:221.

追求的目标。它旨在打造一种廉洁的乡村政治生态环境和社会风尚，这不仅是一种理想的基层治理形态，也是一种健康、积极的乡村发展状态。本书认为，清廉乡村建设不应局限于传统的反腐倡廉运动，而应在乡村基层反腐倡廉的基础上，进一步从思想意识、规章制度、文化教育、巡查监督等方面协同发力、综合施策。通过法治化、民主化、公开化、现代化的方式，将清廉的理念和实践渗透乡村经济建设、政治建设、文化建设、社会建设、生态文明建设、党的建设的每一个环节中。这一举措对促进廉洁的党风、政风、社风、村风、民风、家风的有机生成与有效融合具有重要意义，有助于在乡村社会中形成崇尚清廉的良好风尚与生动局面，进而构建一个具有廉洁和谐社会关系的乡村共同体。这样的乡村共同体不仅能够促进乡村社会的和谐稳定，还能为乡村的全面振兴提供坚实的基础。

（五）“清廉乡村建设”“美丽乡村建设”“和美乡村建设”之间的联系与区别

与“清廉乡村建设”相似的概念中，人们谈及较多的是“美丽乡村建设”“和美乡村建设”。因此，为了更深入地理解并准确把握“清廉乡村建设”的含义和目标，非常有必要对这三个概念之间的关系进行区别。

“美丽乡村”是“美丽中国”的重要组成部分，习近平总书记曾指出，中国要美，农村必须美[①]，美丽中国要靠美丽乡村

---

① 中共中央文献研究室编．十八大以来重要文献选编 上 [M]. 北京：中央文献出版社 ,2014:658.

打基础[①]。2023年9月，习近平总书记在第六个“中国农民丰收节”到来之际，提出要锚定建设农业强国目标，绘就宜居宜业和美乡村新画卷。[②]“美丽乡村”“和美乡村”的提出经历了一个比较长的酝酿过程（见表1.1所示）。

表1.1 “美丽乡村”“和美乡村”的提出脉络

时间	会议/文件	主要内容
2005年10月	党的十六届五中全会	首次提出建设社会主义新农村，具体要求是“生产发展、生活宽裕、乡风文明、村容整洁、管理民主”
2007年10月	党的十七大	提出“生态文明”理念，明确要“统筹城乡发展，推进社会主义新农村建设”
2008年2月	《建设“中国美丽乡村”行动纲要》	浙江省安吉县正式提出“中国美丽乡村计划”，拉开中国美丽乡村建设的序幕
2012年11月	党的十八大	提出“建设美丽中国”口号，强调树立生态文明理念

① 人民网．习近平浙江考察全纪录[EB/OL].(2015-05-28)[2024-12-22]. http://cpc.people.com.cn/n/2015/0528/c64094-27069232.html.

② 习近平．习近平向全国广大农民和工作在“三农”战线上的同志们致以节日祝贺和诚挚问候[N]. 人民日报,2023-09-23（01）.

续表

时间	会议 / 文件	主要内容
2013 年 1 月	《中共中央 国务院关于加快发展现代农业进一步增强农村发展活力的若干意见（2012 年 12 月 31 日）》	依据“美丽中国”的理念，首次提出建设“美丽乡村”的奋斗目标
2015 年 4 月	中华人民共和国国家质量监督检验检疫总局、中国国家标准化管理委员会联合发布《美丽乡村建设指南》	明确美丽乡村建设的国家标准，提出“规划科学、生产发展、生活宽裕、乡风文明、村容整洁、管理民主，宜居、宜业的可持续发展乡村”的建设目标
2017 年 10 月	党的十九大	提出要把我国建设成为富强民主文明和谐美丽的社会主义现代化强国的奋斗目标，强调了新时代生态文明和绿色发展新理念。同时，也提出了乡村振兴战略，美丽乡村建设是其中一项重要建设内容，也是主要载体
2018 年 9 月	中共中央 国务院印发《乡村振兴战略规划（2018—2022 年）》	第六篇明确要求，统筹山水林田湖草系统治理，加快转变生产生活方式，推动乡村生态振兴，建设生活环境整洁优美、生态系统稳定健康、人与自然和谐共生的生态宜居美丽乡村

续表

时间	会议 / 文件	主要内容
2021 年 3 月	《中华人民共和国国民经济和社会发展第十四个五年规划和 2035 年远景目标纲要》	第七篇第二十四章中，明确提出实施乡村建设行动，并强调把乡村建设摆在社会主义现代化建设的重要位置，要建设美丽宜居乡村
2021 年 4 月	中华人民共和国第十三届全国人民代表大会常务委员会第二十八次会议通过《中华人民共和国乡村振兴促进法》	第五章专门强调乡村生态保护，第三十四条明确提出“国家健全重要生态系统保护制度和生态保护补偿机制，实施重要生态系统保护和修复工程，加强乡村生态保护和环境治理，绿化美化乡村环境，建设美丽乡村”
2022 年 2 月	国务院印发《“十四五”推进农业农村现代化规划》	提出了“宜居宜业乡村”“绿色美丽乡村”“文明和谐乡村”的建设目标
2022 年 10 月	党的二十大	明确提出“全面推进乡村振兴”“加快建设农业强国，扎实推动乡村产业、人才、文化、生态、组织振兴”“统筹乡村基础设施和公共服务布局，建设宜居宜业和美乡村”

续表

时间	会议 / 文件	主要内容
2023 年 2 月	《中共中央 国务院关于做好 2023 年全面推进乡村振兴重点工作的意见》(2023 年中央一号文件)	强调要扎实推进乡村发展、乡村建设、乡村治理等重点工作，建设宜居宜业和美乡村
2024 年 7 月	党的二十届三中全会通过《中共中央关于进一步全面深化改革、推进中国式现代化的决定》	在“进一步全面深化改革的总目标”中提出“聚焦建设美丽中国”
2025 年 1 月	《美丽乡村建设实施方案》	生态环境部、农业农村部等九部门联合印发，提出 4 方面重点任务、18 项重要举措，整县推进美丽乡村建设，助力美丽中国建设

“美丽乡村建设”是基于社会主义新农村建设，随着党和国家的发展规划逐步提出来的。它涵盖了“乡村产业、农民生活、农村环境、乡村治理、乡村文化”[①] 五大内容，是涉及农村的物质、精神、政治、社会、生态等五方面建设的系统工程。此外，它还非常强调科学规划和布局，这是协调和完善美丽乡

① 陈秋红．美丽乡村建设：主体、重点与成效——农民视角的分析 [M]. 北京：中国社会科学出版社，2021:44.

村建设各个方面和各个环节的整体要求，是美丽乡村建设的前提。同时，突出强调健全体制机制，这是美丽乡村建设可持续发展的保障。建设美丽乡村，既要注重自然环境的建设，也要注重社会生活的建设。可以说，美丽乡村建设是新农村建设的“升级版”。

在打赢耗时长、规模大、任务艰巨的脱贫攻坚战之后，以习近平同志为核心的党中央在深入把握我国乡村建设规律的基础上，在党的二十大报告中首次提出“建设宜居宜业和美乡村”，并在2023年的中央一号文件中重申。从“美丽”到“和美”虽然只是一字之变，但却是我们党和国家对现阶段乡村建设作出的最新指示，丰富和拓展了乡村建设的内涵和外延，是对新农村建设的再次升级。我国自古以来就尚“和”，在农业生产方面讲究顺应农时，在邻里关系中讲究以和为贵，在村落布局中讲究顺山水、和四时。宜居宜业和美乡村的建设，要实现“内外兼修”，包含宜居、宜业、和美三个关键指标。“宜居”注重人居环境、基础设施、公共服务等方面，“宜业”注重产业发展、农民就业、经济收入等方面，“和美”注重人文精神、社会关系、乡风文明等方面。概而言之，就是让乡村逐步具备现代化生活条件，在农村人居环境整治、乡村基础设施建设、村庄规划等硬件方面得到提升。同时，在乡村治理、基本公共服务、精神文明建设等软件方面着力，努力塑造和善友爱、和睦安宁的乡村精神风貌。

基于上述对“清廉乡村”“美丽乡村”“和美乡村”的分析，可知三者同属于乡村建设的范畴，都服务于乡村振兴的战略规划和现代化目标的实现。但彼此之间又各有区别与侧重。美丽乡村建设是系统工程，它除了与传统乡村建设所要求的要努力提高乡村经济发展水平和村民的生活水平，还注重对生态环境的修复和保护、村容村貌整治，致力于将经济发展和生态保护有效融合，实现生态美丽、生活富裕。在美丽乡村建设基础上，“和美”理念的提出，是对“美丽”中“和”的本质的挖掘，将中华优秀传统文化——“和文化”融入乡村建设规划中，以此提醒人民群众不要将美丽乡村建设简单定义为外在形式美的建设，其中还包含着人与自然、人与人、人与社会之间和谐的内在美的价值追求。与前者相比，和美乡村的意蕴更深广、内容更丰富、指向更高远。

清廉乡村建设是和美乡村建设的内在要求，是要将清廉之风融入宜居宜业和美乡村建设的全过程、全方位、全领域。如果说和美乡村建设既要见物也要见人，既要塑形也要铸魂，那清廉乡村建设专攻人的建设和魂的铸造。如果干部不清正、政府不清廉、政治不清明、社会不清朗、村风不清爽，怎么能实现政府与乡村、村干部与村民、村民与村民之间的和谐共生？

二、清廉乡村建设的时代背景

开展清廉乡村建设，是我们党和国家在新时代通过深入研判复杂多变的国内外环境以及各种挑战和机遇作出的乡村建设重要安排。因此，为确保这一乡村建设目标的顺利实现，探索建设清廉乡村的思路与方法，我们必须对当下的国际形势、国内环境以及其他各种可能影响清廉乡村建设的因素有充分的了解和把握。只有全面分析这些影响因素，我们才能明确清廉乡村建设的重要性和必要性，进而把握主动权，谋定策略，推动乡村社会的长远发展。

（一）国际形势——百年未有之大变局

当前的国际形势是“百年未有之大变局”。这是以习近平同志为核心的党中央立足中华民族伟大复兴战略全局，科学运用马克思主义的宽广视野和方法论审视世界发展大势，对国际上正在发生和经历的新一轮大发展、大变革、大调整的敏锐洞察后所作出的重大研判。根据唯物主义辩证法的观点，世界是过程的集合体，不断发生变化是世界存在与发展的基本特征。国际形势的大变局，这种变化在范围的广度、创新的高度、影响的深度上超越以往，以一种前所未有的方式展开。那“变”在何处呢？具体来说主要有以下几个方面。

1. 国际力量对比发生改变

世界始终是处于运动、变化、发展的状态，国际力量的格局也是如此。在不同的历史发展阶段，那些对国际关系产生重大影响的基本政治力量，都或多或少会受到各种复杂因素的影响，从而导致它们在全球范围内的实力分布状态不断地发生变化。

分别发生于18世纪60年代和19世纪中后期的第一次工业革命、第二次工业革命，使得以英、法、德、美等为代表的几个先发资本主义国家逐步占据了世界舞台的中央，确立起对世界的统治地位，以西方为主导而东方相对落后的国际秩序得以形成。直到冷战时期，以苏联为主的社会主义阵营的确立和巩固，对以美国、北大西洋公约组织为主的资本主义阵营发出了挑战，形成了美苏两个超级大国争霸的两极对立局面。冷战结束后，尤其是东欧剧变和苏联解体以来，“两极格局”解体，以美国为首的西方国家主导的局面再度上演。伴随着一批新兴经济体和发展中国家群体性崛起，世界朝着多极化趋势演变，这是当前国际形势的一个突出特点。进入21世纪，西方陷入国际公信力、经济信誉、西式自由民主、移民难民、经济金融等危机，西方发达国家，尤其是美国的世界主导地位持续走弱，但它作为综合国力最强的超级大国，其优势地位依旧明显存在。与此同时，中国砥砺前行，跃升为世界第二大经济体。除此之外，印度、俄罗斯、南非、巴西等金砖国家发展势头迅猛，东盟、非盟等地区合作发展不断增强。新兴经济体和发展中国家的经济规模占世界经济总体量的比重越来越大，在国际舞台上的影响力也越来越大。经过百年来的积淀，主要大国之间的力量对比发生了很大变化，西方国家主导国际政治、经济的情况有所改变，多极化国际发展趋势日益明显，且正逐渐朝着相对均衡的方向发展。

在这种不以人的意志为转移的客观发展趋势下，世界上的各方力量之间形成了一个既相互依赖又相互制约的复杂关系网络。这种关系网络有效地防止了新的世界大战的爆发，有力地遏制了霸权主义和强权政治的蔓延，与此同时，还积极地推动了国际政治经济新秩序的构建。这样的外部环境为广大发展中国家提供了一个和平发展的空间，使得它们能够在相对稳定的国际秩序中寻求自身的发展和进步。

2. 新一轮科技革命重塑世界

马克思、恩格斯在其著作《共产党宣言》中讲道："资产阶级在它的不到一百年的阶级统治中所创造的生产力，比过去一切世代创造的全部生产力还要多，还要大。”[①]我们通过追问为何资产阶级在短短的一百年能够创造如此大规模的生产力得知，在推动人类文明持续进步和世界不断前行的动力系统中，科学技术扮演了举足轻重的角色。

回顾科技发展史，可以清晰地看到，每一次科学技术的迭代更新，都会伴随着重大的产业革命。这些革命性的变化极大地推动了经济基础的变革，进而也深刻地影响了上层建筑的结构和功能，最终导致世界发生根本性的变化。譬如，英国借助第一次产业革命中蒸汽机的广泛应用和纺织工业的飞速发展，成为“世界霸主”；美国则凭借第二次产业革命中电气化和大规模生产技术的创新，赶超英国，成为“世界领导者”。这些历史事实充分说明了科技力量对于国家发展和全球格局变化的重要性。

进入 21 世纪，我们见证了前所未有的科技革命的兴起，以人工智能、纳米技术、量子信息、物联网、大数据等为代表的新一代信息技术空前活跃，其主要特征是颠覆性技术密集涌现、前沿科技群体突破态势明显、科技成果转化加速、产业生态重构。这些在信息、生物、能源、空间、海洋、生命等众多领域实现的一系列原创性重大突破，显著地影响了世界创新版图的重塑、经济结构的重构、政治力量的重组以及国际秩序的重建。

当然，新一轮科技革命在给全球带来发展新面貌、新活

① 中共中央马克思恩格斯列宁斯大林著作编译局 . 马克思恩格斯选集（第 1 卷）[M]. 北京 : 人民出版社 ,2012:405.

力、新动能的同时，也蕴含着百年未有的不确定性，如人员失业、道德失范、信仰缺失、环境污染、安全失控等风险，如经济上的“生产率之谜”、军事上的“灰色地带”、政治上的“民主迷失”等困惑。人类社会传统的生产方式、生活方式以及思维方式将会面临颠覆性的挑战，国家与国家之间，尤其大国与大国之间，在高端领域的科技竞争激烈程度更是空前未有。

3. 经济全球化出现新势态

经济全球化的概念得以广泛传播是在20世纪90年代，但是它的根源可以追溯到15世纪大航海时代。根据马克思、恩格斯在《德意志意识形态》《共产党宣言》等著作中的观点，世界市场和世界历史的形成是在生产力普遍发展的情况下，基于分工的出现和交往的扩大，打破了彼此孤立隔绝的状态。迄今为止，经济全球化经历了四个主要阶段：第一阶段是从地理大发现到大工业的发展阶段（1400—1870年），主要体现在伴随着新航路的开辟、商业的发展、城市的兴起，生产的组织方式经历了简单协作到手工工厂再到机器大工业的变化；第二阶段是经济全球化加速发展的阶段（1870—1945年），主要体现在资本主义的发展从自由竞争过渡到垄断阶段，资本从国内向世界市场大量输出，世界各地区、各民族都被卷入资本主义世界体系之中；第三阶段是“两个平行世界市场阶段”（1945—1980年），即二战之后世界上出现了社会主义和资本主义在交流与合作中仅限于各自内部阵营的两个市场；第四阶段是经济全球化发展的新阶段（1980年至今），长时间以来由于美苏对抗带来的世界经济体系的分割逐步被打破，各要素实现了真正的全球范围的流动，同时中国作为重要的世界经济力量扮演着越来越重要的角色。

随着经济全球化不断演进，世界各国家、地区在贸易、金融、技术、生产、投资、商品等方面的联动越来越频繁，人类之间的物质交往和精神交往比以往任何一个时期都要更深入、更广泛、更紧密，国家之间、民族之间、地区之间不可能回到离群索居、老死不相往来的时代，“你中有我、我中有你”的融入感、整体感和共同体感不断增强，全人类的整体福祉明显提质换挡。众所周知，经济全球化是一把双刃剑，它所带来的负面作用也在长期积攒之后显现出来。譬如，财富分配不均导致的贫富差距增大，进而使贫困普遍化现象蔓延；资本逐利的本性导致全球生态危机愈演愈烈，反噬着全球化的正义性；和平赤字、发展赤字、安全赤字、治理赤字加重，人类社会面临前所未有的挑战。从历史角度来看，全球化是大势所趋，但是发展的道路颇为曲折，当下逆全球化思潮甚嚣尘上。尤其是自 2008 年的国际金融危机以来，再加上英国脱欧和特朗普再次当选美国总统作为标志性事件，以经济上贸易保护、政治上极端保守、社会政策上排外、文化上奉行民族主义为主要特征的全球化逆流更为直接地表现出来，世界分化加剧，各国共同合作应对全球性挑战的难度增大，国际环境更为错综复杂，世界进入新的动荡变革期。

4. 世界多元文化的交融与冲突更加明显

经济基础决定上层建筑，这一观点在马克思主义的唯物史观中得到深刻的阐述。文化是上层建筑的重要组成部分，在百年未有之大变局背景下社会经济发生大变革之后，文化领域也必然会在广度和深度上经历重大变革。这一点不仅符合马克思主义的基本原理，而且也得到了国际政治理论界的广泛认同。例如，美国当代著名的国际政治理论家亨廷顿就发表过类似的观点，他指出："经济上得到空前发展的国家，最后结果一定是想要在文明领域上寻求自己的支撑力量。"[①]这个观点强调了经济实力与文化影响力之间的内在联系。事实上，我们已经可以看到，随着新兴经济体和发展中国家的崛起，它们的文化日益具有全球影响力，正在逐渐改变世界文化格局。

法国总统马克龙曾在2019年驻外使节会议上指出，当新兴国家找到了自己的国家文化而逐渐摆脱西方过去灌输的哲学文化，而西方的价值观无法再输出时，西方的衰落就此开始。[②]还有学者提出："就在不久前，文化服务和产品领域的投资还只是几个所谓发达国家的事情，因为它们拥有所需的资源。今天，这种能力已延伸到许多国家，包括你们的国家，从此，这些国家拥有世界上最丰盛、最富饶的文化设施。中国、海湾国家、俄罗斯、土耳其、墨西哥、印度以及其他许多国家共同分享着这一盛宴。"[③]通过这两段话，我们可以清晰地看到一个现象，那就是在过去很长一个时期内，西方国家由于在经济领域的显著优势，拥有了巨大的影响力，而这种影响力还扩展到政治和军事层面。借助这些强大的力量，西方国家能够按照自己

---

①［美］塞缪尔·亨廷顿．文明的冲突与世界秩序的重建[M]．周琪，刘绯，张立平，等译．北京：新华出版社，2018:327.

② 王珍．"西方霸权已近末日"，一个有战略远见的判断！[EB/OL]．人民网．(2019-10-11)[2024-4-30].http://world.people.com.cn/n1/2019/1011/c1002-31394591.html.

③［加］让-路易·鲁瓦著．全球文化大变局[M]．袁粮钢，译．深圳：海天出版社，2016:4.

的意志强势向发展中国家传播甚至灌输思想文化及价值观念。这种单向的文化输出，往往使得弱势文化的独立性、独特性被压制，甚至被掩盖。但新兴经济体和发展中国家的文化在冲破文化霸权之后顽强地延续下来，并在21世纪初开始展示出强劲的生命力。这一过程不仅标志着百年文化格局的重构，也预示着全球文化多样性的进一步发展和丰富。多样性文化的强势发展，使全球范围内的文化交流、互鉴、融合、竞争越来越频繁，这就使得文明之间的冲突不可避免地发生，如东西方文化、南北文化、不同宗教文化、不同民族文化之间的冲突、竞争越发明显。这也从另一个侧面看出，多元文化互相交融和冲突是当代世界文化的主要特征。

世界百年未有之大变局除了表现在政治、经济、科技、文化几个层面，还在人口结构、民众权利意识、大国关系等方面呈现出来。概括起来，当前国际格局和国际体系的调整前所未有，全球治理体系的变革前所未有，国际力量的变化前所未有。

国际形势是我们党和国家作出战略布局、谋划发展时应考量的必要因素。世界百年未有之大变局营造了我国发展的全新外部环境，对致力于实现社会主义现代化和中华民族伟大复兴的中国来说，带来了新的挑战、新的机遇。面对“变局”，中国该怎么办？习近平总书记指出：“大变局带来大挑战，也带来大机遇，我们必须因势而谋、应势而动、顺势而为。”[①] 如何

① 中共中央党史和文献研究院．十八大以来重要文献选编（下）[M]. 北京：中央文献出版社 ,2018:10.

谋？如何动？如何为？——在“人类命运共同体”理念下，构建“双循环”新发展格局，推动经济社会高质量发展，是我国应对百年未有之大变局带来的不稳定性、不确定性的必然选择。对标“大变局”背景下中国式现代化和民族复兴的伟大目标，必须以推动乡村地区整体性高质量发展作为根本着力点、出发点。因为广大乡村地区是立国之本，是实现“以国内大循环为主体”的可靠保障，是应对国际上各种不确定因素的稳定器，乡村基本盘、乡村阵地，是应变局、开新局的压舱石。而实现乡村地区整体性高质量发展，清廉乡村建设是不可或缺的政策之一。一方面，中国作为“大变局”中的关键力量，中国共产党作为“大变局”中的关键政党，在国之根基处实现清廉治理，是筑牢根基的关键，是作为执政党良好形象建设的关键。另一方面，清廉乡村建设是实现乡村政治、经济、社会、文化等高质量发展的基本保障。由此可见，清廉乡村建设是夯实国内发展的确定性，是有效应对云谲波诡的国际形势的必然要求，是中华民族伟大复兴行稳致远的坚实保障。

（二）国内环境——中华民族伟大复兴的战略全局

中国共产党作为百年大党，历经新民主主义革命时期、社会主义革命和建设时期、改革开放和社会主义现代化建设新时期。如今，中国特色社会主义进入新时代，站在新的历史方位，一个新时代的到来，必定伴随着一场广泛、深刻的变革。正是在这样的背景下，清廉乡村建设的国内环境得以形成，它不仅反映了时代的要求，也体现了社会发展的必然趋势。

1. 进入新时代，党的主要任务发生新变化

2021 年 11 月，中国共产党第十九届中央委员会第六次全

体会议通过的《中共中央关于党的百年奋斗重大成就和历史经验的决议》中，对各个时期党的历史任务进行了总结和概括。新民主主义革命时期，党面临的主要任务是反对帝国主义、封建主义、官僚资本主义，争取民族独立、人民解放，为实现中华民族伟大复兴创造根本社会条件。社会主义革命和建设时期，党面临的主要任务是实现从新民主主义到社会主义的转变，进行社会主义革命，推进社会主义建设，为实现中华民族伟大复兴奠定根本政治前提和制度基础。改革开放和社会主义现代化建设新时期，党面临的主要任务是继续探索中国建设社会主义的正确道路，解放和发展社会生产力，使人民摆脱贫困、尽快富裕起来，为实现中华民族伟大复兴提供充满新的活力的体制保证和快速发展的物质条件。党的十八大以来，中国特色社会主义进入新时代。党面临的主要任务是实现第一个百年奋斗目标，开启实现第二个百年奋斗目标新征程，朝着实现中华民族伟大复兴的宏伟目标继续前进。[①]党在不同时期始终实事求是、与时俱进地提出新的主要任务，引领着党和国家各个方面、各个部门工作的开展。

“两个一百年”奋斗目标如同指挥棒，指引着党和国家事业在新时代的走向。党的十五大首次明确提出了“两个一百年”，而后党的十六大又将“两个一百年”写入党章，新的时代背景下，党的十九大又对“两个一百年”进行了丰富发展。其含义是指，到中国共产党成立100年时全面建成小康社会，

---

① 中共中央关于党的百年奋斗重大成就和历史经验的决议[N].人民日报,2021-11-17(01).

到新中国成立100年时建成富强民主文明和谐的社会主义现代化国家。习近平总书记在庆祝中国共产党成立100周年大会上庄严宣告：“经过全党全国各族人民持续奋斗，我们实现了第一个百年奋斗目标，在中华大地上全面建成了小康社会，历史性地解决了绝对贫困问题。”① 第一个百年奋斗目标的实现是我们在中国式现代化道路上跨出的关键一步，在为实现第二个百年奋斗目标奠定坚实的物质基础的同时，也给予中华儿女莫大的民族自信。正如习近平总书记所说：“党和国家事业取得历史性成就、发生历史性变革，为实现中华民族伟大复兴提供了更为完善的制度保证、更为坚实的物质基础、更为主动的精神力量。”② 实现现代化是中国人民不懈的追求，以实现工业、农业、交通运输业和国防四个现代化任务为发端，最终决定走中国式现代化道路，是基于中华民族异于其他国家的独特历史、文化、国情而作出的科学选择。党的二十大是我们朝着第二个百年奋斗目标奋进的关键会议，党的二十大报告中提出：“从现在起，中国共产党的中心任务就是团结带领全国各族人民全面建成社会主义现代化强国、实现第二个百年奋斗目标，以中国式现代化全面推进中华民族伟大复兴。”③ 不管是第一个百年奋斗目标，还是第二个百年奋斗目标，它们共同致力于一个宏伟愿景——实现中华民族伟大复兴。当然，我们坚信，通过不

① 习近平．在庆祝中国共产党成立100周年大会上的讲话[N]．人民日报,2021-7-2(02).

② 习近平．在庆祝中国共产党成立100周年大会上的讲话[N]．人民日报,2021-7-2(02).

③ 习近平．高举中国特色社会主义伟大旗帜 为全面建设社会主义现代化国家而团结奋斗[N]．人民日报,2022-10-26(01).

懈努力和持续奋斗，一个个阶段性目标都会得以实现，伟大复兴之路最终也会铺满鲜花。但是，我们也要清醒地认识到，这条胜利之路布满了荆棘。当前，我们面临着“两个大局”叠加交错的局面，需要应对的风险和挑战、需要解决的矛盾和问题错综复杂。越是出现这样的情况，我们越要不断增强“四个意识”、坚定“四个自信”、做到“两个维护”，充分发挥历史主动精神，勇于承担历史责任，坚定不移地沿着中国特色社会主义道路这条光明大道勇毅前行。

2. 进入新时代，我国社会主要矛盾发生变化

马克思、恩格斯在探索和解答“人类历史之谜”的问题上，提出了与唯心主义、旧唯物主义截然不同的历史观。它主张人类社会的演变，并非随意的或不可预测的，而是有规律可循的。马克思、恩格斯指出，人类社会最基本的两大规律是生产力与生产关系、经济基础与上层建筑的矛盾运动规律，正是在这两对基本矛盾的相互作用下，人类社会从低级阶段向高级阶段推进。在实际生活中，社会基本矛盾寓于各种具体矛盾之中，通过各种具体矛盾表现出来。而各种具体矛盾的地位和作用是不平衡的，有主次之分。社会主要矛盾在社会矛盾运动中能够支配其他矛盾，是各种社会矛盾的集中反映。值得注意的是，社会主要矛盾不是一成不变的，它会随着社会条件的变化发生转变，这种转变反映了社会发展的动态性和复杂性。

我国的社会主要矛盾也随着政治、经济、文化等因素的变化而变化。1949 年，中华人民共和国成立，虽然实现了民族独立、人民解放，但是还有很多新民主主义革命时期的历史遗留问题尚未解决，所以“与帝国主义、封建主义、官僚资本主

义及国民党残余势力的矛盾和斗争……仍然是主要的矛盾和斗争”[①]。直到1952年，国内的土地改革基本完成，国民经济逐步恢复，开始着手社会主义改造。这段时间，中国共产党适时提出，在打倒地主阶级和官僚资产阶级以后，中国内部的主要矛盾是工人阶级与民族资产阶级的矛盾。[②]1956年，我国的社会主义改造基本完成，社会主义制度得以确立，中国进入社会主义社会。党的八大通过的《关于政治报告的决议》指出，我们国内的主要矛盾，已经是人民对于建立先进的工业国的要求同落后的农业国的现实之间的矛盾，已经是人民对于经济文化迅速发展的需要同当前经济文化不能满足人民需要的状况之间的矛盾。[③]至此，我国开始进入社会主义建设时期，这是一个全新的探索阶段。毛泽东同志的《论十大关系》《关于正确处理人民内部矛盾的问题》等文章，提出了中国共产党对社会主义矛盾的独到见解，进一步丰富和发展了马克思主义矛盾学说。虽然在这一阶段，我国对社会主要矛盾的判断出现了偏差，但这也是探索过程中不可避免的。中国共产党及时总结历史教训，进行了全方位的“拨乱反正”。1981年，党的十一届六中全会通过的《关于建国以来党的若干历史问题的决议》明确指出：“社会主义改造基本完成以后，我国所要解决的主要矛盾，

---

① 任晓伟．建国前夕刘少奇对新中国社会主要矛盾的新思考——刘少奇《代表中共中央给联共（布）中央斯大林的报告》考述[J]．党的文献，2007(05):28-32.

② 中共中央文献研究室．毛泽东文集（第6卷）[M]．北京：人民出版社，1999:231.

③ 中共中央党史研究室．中国共产党的九十年（社会主义革命和建设时期）[M]．北京：中共党史出版社；党建读物出版社，2016:473.

是人民日益增长的物质文化需要同落后的社会生产之间的矛盾。”①

经过长期发展，我国在各方面有了一定的积攒与沉淀。尤其是自党的十八大以来，在以习近平同志为核心的党中央的正确领导之下，有效应对世界百年未有之大变局，党和国家的各项事业取得了历史性的突破。进入新时代，我国人民已经不满足于单纯的物质水平的提高，对民主、法治、公平、安全、环境等方面也有了更高的要求，人民的需要从单一化、低层次向多样化、高层次迈进。与此同时，我国的生产力水平有了很大的提高，虽然与发达国家的差距依旧存在，但是在某些领域已经实现质的飞跃，短缺经济已经得到根本改变，社会主要矛盾再延续之前所说的“落后的社会生产”已经不符合我国改革开放四十多年的发展实情。因此，基于我国现阶段的发展状况，党的十九大作出了重大政治判断：“中国特色社会主义进入新时代，我国社会主要矛盾已经转化为人民日益增长的美好生活需要和不平衡不充分的发展之间的矛盾。”② 其中，发展不平衡不充分问题，即各区域各领域的发展失衡，整体发展水平和质量还没有达到预期目标，是制约人民实现美好生活的主要瓶颈。新时代社会主要矛盾发生转化的政治判断，是对马克思主义矛盾学说的最新发展，对党和国家当下的事业具有重大的启示意义。

---

① 中共中央党史研究室．中国共产党的九十年（改革开放和社会主义现代化建设新时期）[M]. 北京：中共党史出版社；党建读物出版社，2016:667.

② 习近平．决胜全面建成小康社会 夺取新时代中国特色社会主义伟大胜利[N]. 人民日报，2017-10-28（01）.

清廉乡村建设就是在这样的国内环境下展开的一项重要建设性工作。一方面，清廉乡村建设有助于缓解社会主要矛盾。乡村地区的发展相较于城市地区存在一定的滞后性，这是不平衡不充分发展的具象呈现。为了实现人民群众对更加美好的生活的追求，必须确保广大乡村居民的合理正当需求得到充分满足，而乡村建设是否能够保持清正廉洁，无疑成为衡量这一目标能否实现的关键指标之一。另一方面，清廉乡村建设有助于新时代党的目标任务的达成。在已经全面建成小康社会的基础之上，我们正朝着社会主义现代化强国的目标迈进。而国家的现代化离不开乡村的现代化，富强、民主、文明、和谐、美丽的现代化语境必然包含着乡村在制度、文化、村风、村貌等方面的清廉要求，这是实现全面现代化不可或缺的一部分。

三、清廉乡村建设的政策支撑

我们党和国家始终将乡村建设作为工作任务的重中之重，将其置于优先发展的位置。为积极推进和顺利实现清廉乡村的建设目标，从国家到地方的各层级政府部门均出台并实施了一系列支持性政策和措施。这些政策和措施对清廉乡村建设的背景、意义、原则、目标、步骤、举措、评价等，进行了详细的定制。这为建设一个清廉、公正、和谐的乡村环境提供了有力的政策支撑和政策保障。

（一）国家政策

1. 乡村建设的相关政策文件

在党的十八大以前，我国的乡村建设主要是围绕“生产发展、生活宽裕、乡风文明、村容整洁、管理标准”的要求建设社会主义新农村。在社会主义新农村建设时期，通过乡村治理改革，乡村建设取得一定成效，但是乡村依然面临着不少的问题、矛盾和短板。同时，随着世情、国情、农情的变化，在全面建成社会主义现代化强国的新目标指引下，乡村成了达成新目标的重点、难点、聚焦点。所以，进入新时代，乡村建设必须加快推进乡村治理体系和治理能力现代化，加快推进农业农村现代化，走中国特色社会主义乡村振兴道路。

2017 年 10 月，党作出了重大决策部署，吹响了乡村振兴的冲锋号，党的十九大报告指出，农业农村农民问题是关系国计民生的根本性问题，必须始终把解决好“三农”问题作为全党工作重中之重。要坚持农业农村优先发展，按照产业兴旺、生态宜居、乡风文明、治理有效、生活富裕的总要求，建立健全城乡融合发展体制机制和政策体系，加快推进农业农村现代化。加强农村基层基础工作，健全自治、法治、德治相结合的乡村治理体系。培养造就一支懂农业、爱农村、爱农民的“三农”工作队伍。[①] 这一战略是以习近平同志为核心的党中央根据党和国家在新时代的实际情况，深刻把握中国特色社会主义现代化建设规律和城乡发展变化规律，准确研判经济社会发展趋势和乡村演变发展态势，为实现人民对美好生活的向往和追求，对农业、农村、农民工作所作出的重大部署。它是决胜全面建成小康社会、全面建设社会主义现代化国家的重大历史任务，是新时代“三农”工作的总抓手。

---

① 习近平 . 决胜全面建成小康社会 夺取新时代中国特色社会主义伟大胜利 [N]. 人民日报 ,2017-10-28（01）.

2018年1月，2018年中央一号文件，即《中共中央 国务院关于实施乡村振兴战略的意见》（以下简称《意见》）发布。这是我国改革开放以来第20个、进入21世纪以来第15个指导“三农”工作的中央一号文件。该《意见》全文约16000字，远超以往同类中央文件篇幅。它深入贯彻落实党的十九大精神，围绕“乡村振兴”这一战略主题讲意义、理思路、定目标、提要求，是谋划新时代乡村全面振兴的顶层设计。在《意见》中，从“三农”问题是全党工作的重中之重、是关系国计民生的根本性问题、乡村是大有作为的广阔天地等三个维度，阐明了在新时代实施乡村振兴战略的重大意义，提出要“按照产业兴旺、生态宜居、乡风文明、治理有效、生活富裕的总要求……统筹推进农村经济建设、政治建设、文化建设、社会建设、生态文明建设和党的建设，加快推进乡村治理体系和治理能力现代化，加快推进农业农村现代化，走中国特色社会主义乡村振兴道路”。[①] 具体而言，从提升农业发展质量、推进乡村绿色发展、繁荣兴盛农村文化、加强农村基层基础工作、提高农村民生保障水平、打好精准脱贫攻坚战、强化乡村振兴制度性供给、强化乡村振兴人才支撑、强化乡村振兴投入保障、坚持和完善党对“三农”工作的领导等十大方面对乡村振兴战略提出了实施意见。

2018年9月，中共中央、国务院印发《乡村振兴战略规划（2018—2022年）》（以下简称《规划》）。该《规划》包含前

① 中共中央 国务院关于实施乡村振兴战略的意见[N]. 人民日报,2018-02-05(01).

言和十一篇，共三十七章的内容。它以党的十九大、中央经济工作会议、中央农村工作会议精神、政府工作报告要求以及习近平总书记关于“三农”工作的重要论述为指导，按照“二十字”总要求，对实施乡村振兴战略作出阶段性谋划。分阶段明确：“到 2020 年，乡村振兴的制度框架和政策体系基本形成，各地区各部门乡村振兴的思路举措得以确立，全面建成小康社会的目标如期实现。到 2022 年，乡村振兴的制度框架和政策体系初步健全。”① 同时，还作出了远景谋划：“到 2035 年，乡村振兴取得决定性进展，农业农村现代化基本实现……到 2050 年，乡村全面振兴，农业强、农村美、农民富全面实现。”② 该规划是指导各地区、各部门分类有序推进乡村振兴的重要依据，它的颁布实施也意味着我国乡村建设进入一个全新阶段。

2019 年 2 月，2019 年中央一号文件，即《中共中央 国务院关于坚持农业农村优先发展做好“三农”工作的若干意见》（以下简称《意见》）发布。该《意见》是在全面建成小康社会决胜期的关键时刻，为啃下“三农”领域的“硬骨头”，确保顺利完成到 2020 年承诺的农村改革发展目标任务而作出的具体部署。全文共分 8 个部分 35 条，涉及脱贫攻坚、农产品供给、农村人居环境和基本公共服务、乡村产业、农村改革、乡村治理、农村基层组织建设、党对“三农”工作的领导等方面。从内容上看，更加突显农村重中之重的地位，既聚焦“三

---

① 中共中央 国务院印发《乡村振兴战略规划（2018—2022 年）》[N]. 人民日报 ,2018-09-27(01).

② 中共中央 国务院印发《乡村振兴战略规划（2018—2022 年）》[N]. 人民日报 ,2018-09-27(01).

农”物质经济发展，也注重“三农”精神文明提升，而且在发展“三农”中尤其强调“农业农村优先发展”，要落实“四个优先”——干部配备、发展要素配置、资金投入、农村公共服务的要求。

2019 年 6 月，中共中央办公厅、国务院办公厅印发《关于加强和改进乡村治理的指导意见》(以下简称《指导意见》)。乡村治理是国家治理的基石，实现乡村的有效治理是全面乡村振兴的重要内容。该《指导意见》的发布，是为了贯彻落实党的十九大精神和《中共中央 国务院关于实施乡村振兴战略的意见》的要求，是推进乡村振兴战略的重要配套文件，目的是补齐当前我国乡村治理体系和治理能力的短板，包括在治理理念、治理方式、治理手段等方面，以巩固党在乡村的执政基础。该文件是对当前和今后一个时期的全国乡村治理工作作出的全面部署。

2020 年 2 月，2020 年中央一号文件，即《中共中央 国务院关于抓好“三农”领域重点工作确保如期实现全面小康的意见》(以下简称《意见》)发布。2020 年是一个关键且特殊的时间节点，即全面建成小康社会目标实现之年和全面打赢脱贫攻坚战收官之年。为在 2020 年达成上述两个重大目标任务，“三农”领域突出短板必须补上。该《意见》对坚决打赢脱贫攻坚战、加快补上农村基础设施和公共服务短板、保障重要农产品有效供给和促进农民持续增收、加强农村基层治理、强化农村补短板保障措施等 5 个方面提出明确要求，作出具体部署。在第四部分着重提出要充分发挥党组织领导作用、健全乡村治理工作体系、调处化解乡村矛盾纠纷、深入推进平安乡村建设。

《中华人民共和国乡村振兴促进法》于2021年4月29日通过，6月1日正式施行。中华人民共和国成立以来，颁布的与农业农村相关的法律近30部，这些法律只是从某个方面或某个维度对农业农村发展进行法律法规的制定。相比之下，《中华人民共和国乡村振兴促进法》是我国首部直接以“乡村振兴”命名的法律，是全面、系统指导和促进乡村振兴的总体性法律制度。从关键词汇出现的频次来看，如国家（出现52次）、政府（出现77次）、各级人民政府（出现35次）、部门（出现13次）。这部法律主要的规范对象是国家、各级人民政府及有关部门，对它们在乡村振兴行动中应承担的责任和应尽的义务进行规范。该法作为典型的促进法，在促进的事务上，除了常见的乡村产业发展，还包括人才支撑、乡村文化繁荣、乡村生态文明建设、乡村组织建设等。《中华人民共和国乡村振兴促进法》所规范的内容既涉及各级政府和相关部门的职责，也有专门规定责任追究的监查制度，还有具体的扶持手段。以上这些，为乡村振兴的稳步推进提供了重要的法律保障。

2022年5月，中共中央办公厅、国务院办公厅印发《乡村建设行动实施方案》(以下简称《方案》)。从时间节点上看，该《方案》可以说是《乡村振兴战略规划（2018—2022年）》的衔接。它明确了2022年之后乡村建设行动的路线图，提出了2025年乡村建设目标：“到2025年，乡村建设取得实质性进展，农村人居环境持续改善，农村公共基础设施往村覆盖、住户延伸取得积极进展，农村基本公共服务水平稳步提升，农村精神文明建设显著加强，农民获得感、幸福感、安全感进一步增强。”[①] 从《方案》的名称上看，没有用“乡村振兴”，而是用了“乡村建设”，两者在根本目标上是一致的，均是为了农业更强大、农村更和美、农民更富足，从而实现共同富裕。只是，“乡村建设”更加具象化，进一步细化了乡村建设要建什么、怎么建、建成什么样；用“行动”，而不是“建议”或“意见”，体现了《方案》中“实干”的精神和宗旨。从《方案》提出的重点任务上看，概括起来就是“183”行动：“1”就是制定一个规划，属于前置任务；“8”就是实施八大工程，属于核心任务；“3”就是健全三个体系，属于保障性任务。其中，保障性任务是作为“1”和“8”能够顺利实现的保障体系，突出强调了狠抓基层党建，以党建引领乡村振兴。

2025 年 1 月，中共中央、国务院印发《乡村全面振兴规划（2024—2027 年）》（以下简称《规划》）。该《规划》将“以提升乡村产业发展水平、提升乡村建设水平、提升乡村治理水平为重点”[②] 作为总要求的主要内容。它聚焦“五个振兴”，坚持在党中央集中统一领导下，对城乡发展格局、粮食安全、乡村产业、乡村人才、乡村文化、乡村生态、和美乡村、农业农村改革、农村基层组织等 9 大方面 34 项重点任务进行了科学谋划和部署。该《规划》将绘就乡村全面振兴新画卷，是新征

---

① 中共中央办公厅 国务院办公厅印发《乡村建设行动实施方案》[N]. 人民日报 .2022-05-24（01）.

② 中共中央 国务院 . 乡村全面振兴规划（2024—2027 年）[EB/OL]. 新华网 .（2025-01-22）[2025-02-21].https://www.news.cn/politics/20250122/0fb749863b174a1caca5c286dd366256/c.html.

程“三农”工作的总抓手，为未来三年全国各地方政府推进乡村振兴提供了科学指导和有力保障。

此外，与乡村振兴战略相关的政策文件还有以下 8 份（见表 1.2 所示）。

表 1.2　乡村振兴战略相关政策文件

发布时间	政策文件
2020 年 11 月	《中共中央关于制定国民经济和社会发展第十四个五年规划和二〇三五年远景目标的建议》
2021 年 2 月	2021 年中央一号文件，即《中共中央 国务院关于全面推进乡村振兴加快农业农村现代化的意见》
2021 年 3 月	《中华人民共和国国民经济和社会发展第十四个五年规划和 2035 年远景目标纲要》
2021 年 12 月	《农村人居环境整治提升五年行动方案（2021—2025 年）》
2022 年 2 月	2022 年中央一号文件，即《中共中央 国务院关于做好 2022 年全面推进乡村振兴重点工作的意见》
2023 年 2 月	2023 年中央一号文件，即《中共中央 国务院关于做好 2023 年全面推进乡村振兴重点工作的意见》
2024 年 2 月	2024 年中央一号文件，即《中共中央 国务院关于学习运用“千村示范、万村整治”工程经验有力有效推进乡村全面振兴的意见》
2025 年 2 月	2025 年中央一号文件，即《中共中央 国务院关于进一步深化农村改革 扎实推进乡村全面振兴的意见》

以上政策文件、法律法规为推进乡村全面振兴提供了有力

的政策法规依据。从中我们可以看到，提出乡村振兴战略有其现实的必然性，比如，补齐农村发展短板、挖掘农村发展潜力、回应农民期盼、建设社会主义现代化强国等。在第一个百年奋斗目标完成向实现第二个百年奋斗目标奋勇前进的关键时刻，乡村建设刻不容缓。虽然这些文件、政策主要是围绕乡村振兴这一主题进行部署，但“清廉乡村”是乡村振兴的内在要求，认真解读其中的章目条款，我们可以看到很多有关清廉乡村建设的实质内容，比如，在“三农”工作队伍建设中，提到要纠正农村工作中的形式主义、官僚主义，规范各类检查评比；在农村基层组织建设中，强调要建立健全村务监督委员会，并在农村事务中发挥实质性的监督作用等，这些规定和要求为清廉乡村建设提供了重要的政策依据。

2. 清廉中国建设的相关政策文件

2012 年 11 月，党的十八大报告中的第十二部分“全面提高党的建设科学化水平”中提出了要建设廉洁政治的重大任务，要求“做到干部清正、政府清廉、政治清明”①，这“三清”对党风廉政建设提出了更高要求。“清廉中国”的政治理念和政治目标呼之欲出。

2017 年 10 月，党的十九大报告中的第十三部分提出：“坚定不移全面从严治党，不断提高党的执政能力和领导水平……保证干部清正、政府清廉、政治清明……通过不懈努力换来海

① 胡锦涛．坚定不移沿着中国特色社会主义道路前进 为全面建成小康社会而奋斗——在中国共产党第十八次全国代表大会上的报告 [N]. 人民日报，2012-11-18（01）.

晏河清、朗朗乾坤。”[①]党的十八大以来，以习近平同志为核心的党中央，在不断推进“五位一体”总体布局和“四个全面”战略布局的过程中，创造性地提出了法治中国、平安中国、美丽中国、健康中国、数字中国等系列建设目标。在此基础上，在党的建设领域提出构建“海晏河清、朗朗乾坤”的“清廉中国”的目标和任务。以上这些政策文件丰富了中国特色社会主义的实践形态，同时也是对中国特色社会主义现代化强国目标更系统、更具体的描绘。

2022 年 2 月，中共中央办公厅印发《关于加强新时代廉洁文化建设的意见》（以下简称《意见》）。该《意见》归纳总结了党的十八大以来全面从严治党的经验，在吸收浙江首创的“四清”理论成果基础之上，提出了“惩治震慑、制度约束、提高觉悟一体发力，推动廉洁文化建设实起来、强起来，不断实现干部清正、政府清廉、政治清明、社会清朗”[②]的要求。全面从严治党，需要猛药去疴以治标，又要涵养文化来治本。该《意见》的颁布，在党的建设方面坚持制度治党和思想建党相结合，坚持依法治国和以德治国相结合，把加强廉洁文化建设作为全面从严治党的基础性工程落实干好，为推进党的建设向高质量发展提供重要支撑。

2022 年 10 月，在党的二十大报告《高举中国特色社会主

① 习近平．决胜全面建成小康社会 夺取新时代中国特色社会主义伟大胜利——在中国共产党第十九次全国代表大会上的报告 [N]. 人民日报 ,2017-10-28(01).

② 中共中央办公厅印发《关于加强新时代廉洁文化建设的意见》[N]. 光明日报 ,2022-02-25(01).

义伟大旗帜 为全面建设社会主义现代化国家而团结奋斗》中，提出找到了破解历史周期率的第二个答案——自我革命。报告的第十五部分提出党的自我革命永远在路上，必须持之以恒推进全面从严治党，并从加强党的领导、理论创新、完善制度、干部队伍建设、党组织建设、党风建设等方面提出了自我革命的具体要求，这对进一步推进“清廉中国”建设明确了方向。

除上述政策文件外，涉及“清廉中国”建设的相关政策文件还有以下9份（见表1.3所示）。

表1.3 涉及“清廉中国”建设的相关政策文件

发布时间	政策文件
2015年8月	中共中央印发《中国共产党巡视工作条例》
2015年10月	中共中央印发《中国共产党廉洁自律准则》
2015年10月	中共中央印发《中国共产党纪律处分条例》
2016年7月	中共中央印发《中国共产党问责条例》
2016年11月	党的十八届六中全会审议通过的《关于新形势下党内政治生活的若干准则》
2016年11月	党的十八届六中全会审议通过的《中国共产党党内监督条例》
2018年3月	中华人民共和国第十三届全国人民代表大会第一次会议通过的《中华人民共和国监察法》
2018年9月	中国社会科学院中国廉政研究中心撰写的《反腐倡廉蓝皮书：中国反腐倡廉建设报告NO.8》
2020年6月	第十三届全国人大常委会第十九次会议通过的《中华人民共和国公职人员政务处分法》

（二）广西地方政策

广西积极响应国家乡村振兴战略以及清廉中国建设政策号召，通过深入研究和分析本省的实际情况，制定了一系列符合广西地方特色和需求的政策文件，旨在推动广西清廉乡村建设，确保乡村振兴战略在广西的顺利实施。

1. 清廉广西建设的相关政策文件

“清廉中国”的政治理念和政治目标，在上文中提到的国家各类政策文件中得到详细论述。随后，又在人民网、新华网、国际在线、中青网等主流网站，以征文、漫画、短视频、公益广告、新闻摄影等多种形式得到广泛传播和积极推广。随着“清廉中国”理念的广泛传播和深入人心，全国各地、各领域、各部门都在积极探索和实践。

率先将“清廉中国”理念宣传向地方实践转化的是浙江省。2017 年 6 月，浙江省召开的第十四次党代会提出要“在全面从严治党上更进一步、更快一步，努力建设清廉浙江”①。2018 年 7 月，中共浙江省委十四届三次全会审议通过了《中共浙江省委关于推进清廉浙江建设的决定》（以下简称《决定》），该《决定》从建设清廉浙江的意义、要求、目标、原则、工作格局等方面，对清廉浙江建设进行了总体规划与布局。2021 年 2 月，又出台了《中共浙江省委关于纵深推进清廉浙江建设的意见》。2019 年 6 月，内蒙古自治区党委发布了《关于建设清廉内蒙古的意见》，提出“着力建设政治清明、政府清廉、干

① 车俊．浙江省第十四次党代会报告（摘登）[N]．浙江日报，2017-06-13（04）．

部清正、政商亲清、社会清朗的清廉内蒙古”[①]。此外，全国各地也逐步形成建设清廉政府的氛围，并结合各地方和部门的实际情况提出具体意见、方案，如湖南、山西、海南（清廉自贸港）、湖北、河南等省区市，其中也包括广西壮族自治区。

为贯彻落实以习近平同志为核心的党中央关于大力推进清廉建设的决策部署，以及习近平总书记视察广西“4·27”重要讲话精神和对广西工作系列重要指示要求，努力营造广西良好的政治生态和发展环境，广西壮族自治区着力推进清廉广西建设。2021年11月，广西壮族自治区开始部署清廉广西建设，并在广西壮族自治区第十二次党代会报告中明确提出要“大力推进清廉广西建设，努力实现政治清明、政府清廉、干部清正、社会清朗”[②]。

2022年1月，中共广西壮族自治区委员会出台《中共广西壮族自治区委员会关于大力推进清廉广西建设的意见》（以下简称《意见》）。该《意见》明确提出了清廉广西建设四个方面的主要内容，即营造清明政治生态、推进清廉政府建设、锻造清正干部队伍、构建清朗社会环境。同时，为将清廉广西不断向纵深发展、向基层延伸、向全社会拓展，全区各地各部门要以创建清廉单元——清廉机关、清廉企业（含国企、民企）、清廉学校、清廉医院、清廉社区、清廉乡村、清廉家庭为抓手

① 内蒙古自治区党委关于建设清廉内蒙古的意见 [N]. 内蒙古日报(汉),2019-06-10(01).

② 刘宁．牢记领袖嘱托 勇担历史使命 凝心聚力建设新时代中国特色社会主义壮美广西——在中国共产党广西壮族自治区第十二次代表大会上的报告 [N]. 广西日报,2021-12-07(01).

和切入点。这是基于广西壮族自治区第十二次党代会报告基础上对清廉广西进行全域、全线的立体打造。

2022年6月，广西壮族自治区纪委监委印发《关于强化监督责任保障清廉广西建设深入推进的意见》(以下简称《意见》)。该《意见》突出了“监督工作”在清廉广西建设中的作用和地位，将清廉广西建设融入政治监督、常规监督、巡视巡察以及绩效考核之中，以有效监督保障清廉广西建设各项任务落地见效。该《意见》从监督的内容、措施、机制和要求等方面，明确清廉广西建设监督工作方向，并从政治责任、工作作风、工作推进和工作实效等方面细化出18项关键内容，以确保清廉广西建设监督工作具体化、常态化、深入化和实效化。

2023年4月，中共广西壮族自治区委员会印发《关于全面深化清廉广西建设的意见》(以下简称《意见》)。该《意见》的核心目标是在已经取得的清廉广西建设成果的基础上，进一步加强和深化建设工作，确保其深刻性和全面性都能得到显著提升。在“深刻性”方面，《意见》明确指出必须聚焦“四清”目标，在政治生态、发展环境、干部队伍、社会风尚等四个方面持续推进，不断推动清廉广西建设走深走实，以取得实质性进展。在“全面性”方面，《意见》提出要“突出重点任务，不断推动清廉广西建设全域覆盖”[①]，具体而言，就是要分别抓住8个清廉单元，根据其各自的特点、重点和难点，制定出更加精准的建设要求和更加切实可行的实施措施。

① 中共广西壮族自治区委员会印发《关于全面深化清廉广西建设的意见》[N]. 广西日报，2023-04-25（06）.

2023年5月，中共广西壮族自治区党委办公厅正式印发了《清廉广西建设评价标准体系》(以下简称《体系》)。该《体系》是一个综合评价体系，概括起来就是“1+8”体系，“1”是指1个清廉广西建设评价办法，“8”是指8个清廉单元建设的评价标准及具体的评分细则。“1+8”评价体系对开展清廉广西建设的评价应遵循的指导思想、工作原则进行了明确的规定，并在此基础上对8个清廉单元的主体对象、内容标准、评价步骤以及结果运用等方面，进行了系统、科学的定制，展现出其针对性强、条款明晰的显著特征。该《体系》将以人民为中心的理念贯穿始终，把“清廉”作为核心词，成为助推清廉广西全方位全过程建设的“指挥棒”，发挥着重要的指导作用。

2024年3月，中共广西壮族自治区委员会印发《清廉广西建设提质增效三年行动方案（2024—2026年）》(以下简称《方案》)。这一行动方案的出台，标志着从广西壮族自治区第十二次党代会开始的清廉广西建设工作已经进入新的阶段。通过这次“三年行动”对清廉广西建设进行再部署和再推进，我们可以清晰地看到广西壮族自治区党委对清廉广西建设工作的坚定决心和持续努力，同时也彰显了他们在该项工作上始终秉持着“只有进行时、没有完成时”的工作理念。该《方案》围绕“四清”目标，突出“政治引领、清风护航、文化育廉、融合发展”主线，规划了未来三年的清廉广西建设的重点任务，即“五大行动”：清明政治铸造行动、清廉政府打造行动、清正干部锻造行动、清朗社会营造行动、新时代廉洁文化建设提升行动。为了实现以上目标，方案中规划了清廉单元建设、开展示范创建、强化融合共建、推进信息化建设、建立健全奖惩机制五大主要举措，在战术打法上升级优化，以期达到更好的效果。“三年行动”不是另辟门户，而是在2022年“大力推进清廉广西建设”与2023年“全面深化清廉广西建设”的基础上持续发力、扎实推进，旨在全面提质、全力增效。

2. 广西清廉乡村建设的相关政策文件

随着清廉广西建设的提出以及不断地向纵深推进，在这一建设过程中，特别强调构建清廉单元作为清廉建设的关键抓手和切入点，而清廉乡村建设则是其中重要的基础单元。针对清廉乡村的建设和打造，广西出台了一系列相关的政策。

2022年1月，广西壮族自治区党委农办、农业农村厅等八部门联合制定印发《广西加强和改进乡村治理五年（2021—2025年）行动计划》（以下简称《行动计划》）。该《行动计划》按照乡村振兴战略的总体要求，明确了广西加强和改进乡村治理的具体任务：实施基层党建强化行动、实施村民自治完善行动、实施乡村法治提升行动、实施乡村德治普及行动、实施多方协同推进行动等五大行动。其中，对深化清廉乡村建设提出了具体要求：进一步健全完善基层监督机制，推进清廉村居联系点培育，选择班子能力强、群众基础好、工作业绩好的村，创建一批“清廉联系点”。规范村级“三资”管理，深入开展村级财务专项审计。开展农村基层“微腐败”整治，全面深化农村巡察工作，严查侵害农民利益的腐败行为。切实抓好帮扶促进领域作风建设，防止“四风”问题反弹回潮。[①]

2022 年 3 月，广西壮族自治区农业农村厅牵头制定并印发《大力推进广西清廉乡村建设实施方案》（以下简称《实施方案》）。“清廉乡村”作为“清廉广西”重要的建设单元之一，它直通基层一线，直接影响到党在基层的凝聚力、领导力。该《实施方案》是围绕清廉中国建设和乡村振兴战略的总体目标和要求，积极推进“311 工程”。这个工程涵括“三大工程”，即清廉干部队伍提升工程、清廉制度机制完善工程、清廉思想文化培育工程，以及 11 项核心任务。希望通过开展“311 工程”，推动清廉的思想、制度、文化融入乡村建设全过程、全领域。它是“清廉广西建设意见”和“五年行动计划”得以落地生根的具体实施方案。

2022 年 6 月，广西壮族自治区农业农村厅办公室发布《关于加强清廉示范村培育创建与典型引领工作的通知》，内含《广西清廉示范村创建实施方案》（以下简称《方案》）。该《方案》通过定目标、定任务、定条件，认定公布清廉示范村名单；选树标杆、典型引领、以点带面，推动在本省能够探索形成具有可操作性的清廉建设工作机制，使广西清廉乡村建设的“311 工程”核心任务能够得以落实，让全面从严治党能够深入乡村基层的神经末梢，保障乡村振兴战略的实施。

除上述政策文件外，涉及广西清廉乡村建设的相关政策文

---

① 广西壮族自治区农业农村厅．广西加强和改进乡村治理五年（2021—2025 年）行动计划 [EB/OL]. 广西壮族自治区农业农村厅官网．(2022-01-10)[2025-1-19].http://nynct.gxzf.gov.cn/xxgk/jcxxgk/wjzl/gntf/t11241914.shtml.

件还有以下4份文件（见表1.4所示）。

表1.4 涉及广西清廉乡村建设的相关政策文件

发布时间	政策文件
2019年11月	广西壮族自治区党委办公厅、人民政府办公厅印发《关于进一步加强和改进乡村治理的实施意见》
2022年4月	广西壮族自治区实施乡村振兴战略指挥部办公室印发《关于进一步明确积分制、清单制推广任务的通知》
2022年4月	广西壮族自治区农业农村厅、乡村振兴局印发《关于加快推广运用“积分制”“清单制”“数字化”等乡村治理典型方式的通知》
2022年5月	《关于在广西部分县（区）清廉乡村建设中率先开展农村移风易俗突出问题专项治理的通知》

四、清廉乡村建设的重要意义

乡村是国家治理体系的最基本单元，其建设过程涉及众多方面，纷繁复杂。要让清廉的社风、乡风、家风、民风照拂乡村建设的每个角落，这无疑是一项极具挑战性的任务。建设清廉乡村，对于乡村全面振兴、全面从严治党、坚守党的初心使命、推进国家治理现代化、实现共同富裕等方面，都具有重大而深远的意义。

（一）清廉乡村建设是全面振兴乡村的应有之义

为了解决全面建成小康社会目标达成之后我国经济社会如何发展的问题，党的十九大报告中提出了乡村振兴战略，为新阶段的经济社会发展指明了方向。乡村振兴战略按照“产业兴旺、生态宜居、乡风文明、治理有效、生活富裕”的总要求进行谋篇布局。全面推进乡村振兴就是要在乡村的政治、经济、文化、社会、生态、党建等方面实现全方位、全领域的振兴。这些领域的振兴都离不开风清气正的发展环境，离不开清廉乡村建设提供的坚实保障。

清廉乡村建设秉持廉洁、公正、透明的原则，推动清廉的思想、制度、文化、纪律、行动贯穿乡村的组织、产业、文化、生态和人才等方面的建设中去。具体而言，在组织层面，它注重基层党组织建设，发挥基层党员干部的引领作用，致力于构建清廉有序的乡村组织体系，为乡村振兴提供坚强的组织保障。在产业方面，它通过发展清廉产业，培育新产业和新业态，落实党的惠民政策，调动群众参与发展乡村产业的积极性，促进农民增收。在文化方面，它特别重视培育廉洁文明乡风，通过挖掘地方清廉元素，打造特色清廉文化阵地，推进乡村廉洁文化建设，为乡村振兴注入“廉动力”。在生态方面，清廉乡村建设与美丽乡村建设相结合，重视加强乡村生态环境治理，推动乡村绿色发展。在人才方面，它能够激发农民的积极性和创造性，吸引和留住各类人才，为乡村振兴注入新的活力，为乡村发展提供人力、人才保障。可见，清廉乡村建设是书写乡村振兴新篇章的应有之义，在推进乡村全面振兴的过程中，必须高度重视清廉乡村建设，将其作为重要抓手和关键环节来推进，用清廉建设实效为乡村全面振兴赋能增效。

（二）清廉乡村建设是全面从严治党向纵深发展的内在规定

党的十八大以来，党中央将全面从严治党作为重要战略部署，目的在于全面加强党的建设，确保党始终成为中国特色社会主义事业的坚强领导核心。全面从严治党要求党员干部将严守党的政治纪律和政治规矩作为最基本的工作原则，始终保持清正廉洁的政治底色。这为清廉乡村建设指明了方向，确保乡村建设能够在正确的政治方向上前行。

随着乡村振兴战略的全面铺开和深入推进，党和国家制定了一系列配套的富农、强农政策。这些方针政策如同指挥棒一般，引导着大量的资金、技术、项目等像潮水般涌向广大的乡村地区，从而使得基层村社、乡镇组织拥有的权力更大、资源更多。面对这些资源要素，在利益的驱动下，乡村成了权力、资本的“必争之地”，同时也成了容易滋生各种不正之风的场域。而这些乡村基层不良问题的出现，原因是多方面的，譬如，基层干部队伍素质参差不齐、制度机制不完善、缺乏有效管理监督等。这就使得基层干部在权力的使用过程中容易受到利益、权力、宗族关系、地方势力等因素的影响。为了有效整治和抵制基层各种不正之风，就必须将从严治党向纵深推进，使全面从严治党的要求在乡村落地生根，夯实基层廉政生态基础。全面从严治党的“全面”是指内容全面、主体覆盖全面，向基层延伸、向乡村延伸是全面从严治党的内在规定。所以，旨在打造一个风清气正、廉洁自律的乡村基层政治生态环境的清廉乡村建设，与全面从严治党在目标和内容上是高度契合的。

（三）清廉乡村建设是坚持以人民为中心思想的实践要求

“为人民谋幸福，为民族谋复兴”是中国共产党始终坚守的初心与使命，在新时代，坚持以人民为中心是对党的初心与使命的鲜明表达。这说明了在中国特色社会主义各项事业、各个领域以及全过程中都必须坚持以人民为中心。在庆祝中国共产党成立100周年大会上，习近平总书记强调：“新的征程上，我们必须紧紧依靠人民创造历史，坚持全心全意为人民服务的根本宗旨，站稳人民立场，贯彻党的群众路线，尊重人民首创精神，践行以人民为中心的发展思想。”[①]

清廉乡村建设是乡村振兴战略的重要组成部分，是中国特色社会主义事业的重要组成部分，必须坚持以人民为中心。首先，只有加强乡村清廉建设，才能确保乡村公共资源得到合理分配、使用，避免人民群众的合法权益受到威胁、损失。在这个过程中，有助于塑造政府，尤其是基层政府的良好形象，有助于搭建起人民群众对党和政府的信任桥梁，提高基层政府的公信力及执行力，从而更好地满足人民群众对美好生活的向往。其次，清廉乡村建设不是为了清廉而清廉，而是要以八亿农民的根本利益作为出发点和立足点，急民所急、愁民所愁，根据农民反映的问题、矛盾、难题，及时并有效地解决、改进和优化，把群众满意、幸福作为最终目标，使村民成为建设清廉乡村的参与者、评价者、受益者。只有坚持以人民为中心，才能确保清廉乡村建设不偏离正确方向。简而言之，清廉乡村建设价值归旨就是对“以人民为中心”发展理念的坚守与践行。

---

① 习近平．习近平谈治国理政（第4卷）[M]. 北京：外文出版社,2022:9.

（四）清廉乡村建设是推进国家治理现代化的基础工程

党的十八届三中全会将完善和发展中国特色社会主义制度、推进国家治理体系和治理能力现代化作为党和国家全面深化改革的总目标。首次将治理体系、治理能力与现代化联系起来，构成了新时代“中国之治”的最新话语表达。习近平总书记提出：“我们要更好发挥中国特色社会主义制度的优越性，必须从各个领域推进国家治理体系和治理能力现代化。”[①] 其中，“各个领域”既包括了经济、政治、文化、社会、生态文明和党的建设等领域，也包括了政府治理、政党治理、社会治理、市场治理、基层治理等各个方面的治理。只有基层巩固，国家才能稳固。乡村是国家治理的基本单元，乡村治理是国家治理现代化的重要组成部分和关键环节。推进国家治理现代化，必须夯实包括乡镇（街道）和村（社区）层面在内的基层治理现代化这一根基，才能为中国式现代化提供强力支撑。

清廉是乡村社会实现善治的价值追求之一，它强调公共权力的运行要规范，防止因为权力异化而使群众的利益、国家政府的形象受影响，为保证基层群众对公平、正义、民主、法治的价值需求提供空间。将建设清廉乡村作为优化基层治理的重要抓手，建立和完善清廉制度、清廉纪律，对干部作风是否廉洁、权力运行是否规范、项目招标是否公正、政务是否公开、政府管理是否到位、政策制定是否合理等情况进行监督，发现清廉乡村建设中的不足与局限，从干部队伍、制度建设、文化环境等方面补足短板，其实质也是对乡村治理进行查漏补缺，

① 习近平．习近平谈治国理政（第 1 卷）[M]. 北京：外文出版社，2018:92.

实现基层治理的自我革命与自我完善。同时，引导乡村群众广泛和积极地参与乡村建设，激活乡村治理的内动力，推动乡村治理模式的不断创新与突破。例如，在2020年由《中国纪检监察》杂志社、浙江日报报业集团等单位主办，征集评选出的新时代清廉乡村建设与乡村治理现代化案例：浙江省湖州市安吉县的《“清廉正村八条”为乡村治理立规矩》、浙江省宁波市象山县的《深化村民说事打造善治乡村》、浙江省杭州市萧山区的《村级事务“码上知　码上督　码上办”》、贵州省铜仁市的《以“六小长”权力清单规范乡村两级小微权力》等，都为乡村治理现代化提供了范本，这也为国家治理体系和治理能力现代化提供了宝贵的经验。由此可见，清廉乡村建设对国家治理现代化来说，不管是在理论层面还是实践层面，都具有重要价值。

（五）清廉乡村建设是实现社会主义本质的必然要求

对于“什么是社会主义，怎样建设社会主义”这一问题，以邓小平同志为核心的党的第二代中央领导集体进行了深入探索并给予回答，认为社会主义的本质是“解放生产力，发展生产力，消灭剥削，消除两极分化，最终达到共同富裕”[①]。这一论断从社会基本矛盾的两方面——生产力和生产关系进行阐释，并最终落脚于“共同富裕”。实现“共同富裕”是社会主义的本质要求，是马克思主义中国化的重要成果，是党和国家不懈奋进的重要目标，是中华民族赓续发展的充分体现，同时也是人民群众的共同期盼。“共同富裕”中，“富裕”是目标，

① 邓小平．邓小平文选（第3卷）[M]. 北京：人民出版社，1993:373.

“共同”是关键。共同富裕不仅体现在经济领域，也体现在政治、社会等各个领域。进入新时代，习近平总书记对共同富裕的本质内涵进一步丰富和创新发展，强调“我们说的共同富裕是全体人民共同富裕，是人民群众物质生活和精神生活都富裕”①。

要实现共同富裕，清廉乡村建设是一个有效且必需的助力工程。贪腐现象的出现会阻碍社会的健康发展，孕育非法利益的滋生空间，会不可避免地引发不公平、不公正、不民主的问题，导致出现“腐者贪而聚财”的不良现象，进而加剧个体与地区间的贫富分化。在乡村基层，伴随着乡村振兴的政策、资金、技术、服务等要素下沉乡村，在资本逐利的驱动下，不正之风会以更快的速度蔓延滋长。清廉乡村建设的主要目标就是关注和规范乡村微小权力的运行、乡村政策的落实、惠民项目资金的发放、公共利益的分配等方面出现的问题，以此来防范和规避相关权力人员非法违规获利的行为，让项目、资金、信息、社会关系等要素在乡村社会中得到合法、合规、有序的流动和转化，使广大农民享受国家发展的成果，缩小乡村内部和城乡之间在物质上的贫富差距。同时，清廉乡村建设遵循共建共治共享的原则，将清廉制度、清廉思想、清廉文化、清廉纪律贯穿乡村建设的全过程，在这个过程中为群众实现公平、正义、民主的精神追求提供了清廉的生态环境，净化群众的思想和心灵，为精神共同富裕的达成打下坚实基础。

---

① 习近平．习近平谈治国理政（第4卷）[M]. 北京：外文出版社，2022:142.

第二章　清廉乡村建设的理论依据

在新时代背景下，党和国家在推进清廉乡村建设过程中，亟须科学理论作为指导。笔者基于现有文献，综合考量清廉乡村建设的提出背景、内涵内容以及目标导向，认为马克思主义理论是其根本的理论基础。同时，党和国家历届领导集体在开展乡村建设中的实践经验与理论概括，中华优秀传统文化中关于廉政、廉洁以及乡村建设等方面的智慧，以及西方一些国家的相关建设理论，均可以为当前的清廉乡村建设提供理论支撑。

一、理论渊源：马克思主义经典作家的相关思想

马克思主义是以辩证唯物主义和历史唯物主义为主要内容的科学理论体系。它是关于自然、社会和人类思维发展一般规律的学说，其理论范围广泛，涵盖了哲学、政治、经济、历史、法律、党建等领域。自中国共产党成立之日起，马克思主义便被确立为党的各方面工作的指导思想、理论遵循和行动指南。其中，马克思主义理论中强调农业在社会经济中的重要地位、权力监督、基层组织建设等相关论述，是清廉乡村建设的

根本遵循。

（一）马克思主义经典作家关于农业基础地位的思想

马克思、恩格斯虽然是以资本主义生产关系作为研究框架，将西欧一些国家的农业发展作为研究对象，但他们在批判继承资产阶级古典政治经济学中关于农业基础地位理论的基础上，揭示农业发展的一般规律，提出农业，尤其是农业生产在人类社会发展中的地位和作用的相关论述，具有普遍的现实意义。

1. 物质资料的生产和占有决定人类社会的存在和发展

马克思“两大发现”之一的唯物史观，实现了对历史唯心主义和旧唯物主义历史观的超越。“正像达尔文发现有机界的发展规律一样，马克思发现了人类历史的发展规律。”[①] 揭开了被纷繁冗杂的人的意识、思想、观点所遮蔽的人类社会规律，坚持人类社会是有客观规律可循的观点，以此解开了困惑人们已久的“历史之谜”。同时，马克思主义的唯物史观还坚持社会存在决定社会意识的观点，进一步从地理环境、人口因素和物质生产方式三个方面对社会存在的主要方面进行了阐释。其中，对人类社会发展起决定作用的，不是黑格尔的“绝对理念”，也不是某个权威、某个统治者的想法和观点，同样也不是地理环境和人口因素，而是物质生产方式，即马克思所说的“物质生活的生产方式”。因为“人们为了能够‘创造历史’，必须能够生活。但是为了生活，首先就需要吃喝住穿以

① 中共中央马克思恩格斯列宁斯大林著作编译局．马克思恩格斯文集（第3卷）[M]. 北京：人民出版社，2009:601.

及其他一些东西。因此第一个历史活动就是生产满足这些需要的资料，即生产物质生活本身，而且，这是人们从几千年前直到今天单是为了维持生活就必须每日每时从事的历史活动，是一切历史的基本条件”①。恩格斯在《在马克思墓前的讲话》中也说道：“人们首先必须吃、喝、住、穿，然后才能从事政治、科学、艺术、宗教等等；所以，直接的物质的生活资料的生产，从而一个民族或一个时代的一定的经济发展阶段，便构成基础，人们的国家设施、法的观点、艺术以至宗教观念，就是从这个基础上发展起来的。”②由此可见，只有生产了物质资料，才有人类存在的物质前提。

列宁在继承马克思、恩格斯关于物质资料生产对人类社会的存在和发展具有重要作用的思想的基础上，进一步阐发了社会主义国家农业基础地位的相关思想，尤其强调了粮食的重要作用。在1919年12月俄共（布）第八次全国代表会议的《中央委员会的政治报告》中，列宁提出：“粮食问题是一切问题的基础……只有在我们解决了这一任务、有了社会主义的基础以后，我们才能在这个社会主义的基础上建立起富丽堂皇的社会主义大厦来。这座大厦我们过去不止一次地从屋顶开始建造，因而每次都倒塌了。”③在国内战争结束后，面对经济萧条的局面，列宁深刻认识到恢复农业、发展农业的重要性，并把

---

① 中共中央马克思恩格斯列宁斯大林著作编译局．马克思恩格斯选集（第1卷）[M]. 北京：人民出版社，2012:158.

② 中共中央马克思恩格斯列宁斯大林著作编译局．马克思恩格斯选集（第3卷）[M]. 北京：人民出版社，2012:1002.

③ 中共中央马克思恩格斯列宁斯大林著作编译局．列宁全集（第37卷）[M]. 北京：人民出版社，2017:353.

它直接与国家兴衰联系起来。1920 年 12 月，全俄苏维埃第八次代表大会的《全俄中央执行委员会和人民委员会关于对外对内政策的报告》强调："经济的真正基础是粮食……没有这些粮食，国家政权就等于零。没有这些粮食，社会主义的政策不过是一种愿望而已。"① 从中可以看出，列宁将粮食生产和粮食安全提升至保证国家政权得以存在、巩固和延续的高度，同时也是社会主义事业得以发展的基础。这是对马克思主义关于农业基础地位思想的延续，也开启了社会主义农业基础地位理论的先河。

2. 农业劳动生产率的提高和农业剩余为社会生产和发展提供了基础

人类存在的物质前提是以劳动为基础的，"任何一个民族，如果停止劳动，不用说一年，就是几个星期，也要灭亡"②，尤其是农业劳动。"因为食物的生产是直接生产者的生存和一切生产的首要的条件，所以在这种生产中使用的劳动，即经济学上最广义的农业劳动。"③ 而农业劳动的目的是不断地追逐高的生产效率。马克思在《政治动态。——欧洲缺粮》一文中曾写道："最文明的民族也同最不开化的野蛮人一样，必须先保证自己有食物，然后才能考虑去获取别的东西；财富的增长和文明的进步，通常都与生产食品所需要的劳动和费用的减少成

① 中共中央马克思恩格斯列宁斯大林著作编译局．列宁全集（第 40 卷）[M]. 北京：人民出版社，2017:151.

② 中共中央马克思恩格斯列宁斯大林著作编译局．马克思恩格斯选集（第 4 卷）[M]. 北京：人民出版社，2012:473.

③ 中共中央马克思恩格斯列宁斯大林著作编译局．马克思恩格斯文集（第 7 卷）[M]. 北京：人民出版社，2009:715.

相等的比例。”[①] 马克思在《政治经济学批判（1857—1858 年手稿）》一文中进一步详细谈道：“社会为生产小麦、牲畜等等所需要的时间越少，它所赢得的从事其他生产，物质的或精神的生产的时间就越多。”[②]

从中可以看出，农业劳动生产效率、农业发展的程度与“财富的增长和文明的进步”，即物质文明和精神文明的发展呈正比例关系。在原始社会的前中期，还未出现农业劳动和工业劳动的区分。因为以当时的生产力水平，面对强大的大自然，原始社会的人们只能是集体劳作、团结协作，才能维持生存。从原始社会末期开始，随着青铜工具的出现，农业劳动的生产效率不断提高，开始出现剩余的劳动产品，可以满足和养活那些不参加农业劳动的人，使这部分人能够从事其他劳动。在农业生产力不断发展的过程中，手工业逐步从农业中分离出来，商业也成为独立的行业和部门，以致后来工业、服务业也逐步分化出来。我们可以将这样的过程理解为农业越是得到充分的发展，其劳动效率越高，就越可以使更少的人从事农业生产，而使更多的人从农业中摆脱出来，去从事其他行业的劳动，即“农业劳动是其他一切劳动得以独立存在的自然基础和前提”[③]。马克思关于农业在社会发展中的作用的思想也深深地影响了列宁。列宁在十月革命之后说过：“目前整个形势所提出的一个

---

① 中共中央马克思恩格斯列宁斯大林著作编译局 . 马克思恩格斯全集（第 12 卷）[M]. 北京 : 人民出版社 ,1998:354.

② 中共中央马克思恩格斯列宁斯大林著作编译局 . 马克思恩格斯全集（第 30 卷）[M]. 北京 : 人民出版社 ,1995:123.

③ 中共中央马克思恩格斯列宁斯大林著作编译局 . 马克思恩格斯全集（第 26 卷）[M]. 北京 : 人民出版社 ,1972:28-29.

基本问题，作为我们共和国对内对外政策首要问题之一提出来的一个基本问题，就是发展整个经济，首先是发展农业……一切政治问题就都集中到了一个方面，就是无论如何要提高农业生产率。”[①] 高效的农业生产是其他非农行业和部门存在与发展的前提和基础，高的农业劳动生产效率和农业剩余，能够使人类文明的进步更明显。这就意味着农业生产和发展是人类社会生存和发展的关键，农业生产的地位和作用不言而喻。

3. 调整农村生产关系，才能促进农村社会生产力发展

按照马克思主义关于人类社会发展基本规律的原理，马克思主义认为农村的生产关系适应农村生产力的发展，就能够推动农村社会的发展，反之，则会阻碍发展。马克思曾对资本主义生产方式发表过自己的看法：“资本主义生产方式的这种进步，同它的所有其他历史进步一样，首先也是以直接生产者的完全贫困化为代价而取得的。”[②] 其内在实质是指农村贫困是由资本主义生产方式导致的。而要破解农村发展的困境，必须改变资本主义的生产方式，尤其是私有制的生产关系，要实现由私有制向公有制的变革。马克思主义认为无产阶级夺取政权后，“将以政府的身份采取措施，直接改善农民的状况，从而把他们吸引到革命中来；这些措施，一开始就应当促进土地的私有制向集体所有制过渡，让农民自己通过经济的道路来实现

① 中共中央马克思恩格斯列宁斯大林著作编译局．列宁全集（第 42 卷）[M]. 北京：人民出版社，2017:294-295.

② 中共中央马克思恩格斯列宁斯大林著作编译局．马克思恩格斯选集（第 2 卷）[M]. 北京：人民出版社，2012:606.

这种过渡”①，通过变革农村生产关系来推动农业生产力的发展。

在乡村建设的过程中，核心任务便是推动“三农”，即农业、农村、农民的发展。为了确保这一目标顺利实现，清廉乡村建设显得尤为关键，它可以为乡村的发展清除在组织管理、干部队伍、文化环境等方面存在的阻碍。马克思主义经典作家的观点和论述，从历史唯物主义的角度出发，深刻阐释了农业基础地位理论。这对作为农业大国的中国来说，在新的历史时期进行农村改革，尤其是农村生产关系、上层建筑的调整与改革，对建设清廉乡村、振兴乡村以及实现农业强国，提供了正确的理论指导与实践参考。

（二）马克思主义经典作家关于权力监督的思想

马克思主义经典作家将辩证唯物主义运用到人类社会领域，并进行深入剖析，实现了对旧唯物主义历史观的彻底变革。他们从物质资料生产这一经济基础出发，阐释了清廉政治、国家权力以及社会制度之间的内在联系，形成了一系列相关理论论述。这些论述不仅揭示了社会发展的规律，而且为本研究提供了坚实的理论指导和基础。

1. 权力“异化”具有深刻的经济根源

马克思主义在人类社会历史领域坚持历史唯物主义的观点，主张生产力决定生产关系，经济基础决定上层建筑。国家政治权力是上层建筑的主要内容，它不是独立存在的客观物质，但是它的存在和“异化”有着深刻的物质经济基础。

---

① 中共中央马克思恩格斯列宁斯大林著作编译局．马克思恩格斯选集（第3卷）[M]. 北京：人民出版社，2012:338.

权力的形成经历了从不自觉到自觉的过程。早在智人时代初期，集体内部的劳动分工主要是以性别和年龄作为标准进行，这时候已经有了“领导”的萌芽，这种萌芽不是人类有意为之，而是在“不经意”中自然萌发的。这个时候的领导者的地位是建立在集体中的成员自愿服从的基础上，没有强制力量的作用，可以说是“有领导，无权力”。到了母系氏族社会阶段，实现了“领导”和“权力”两者的统一。氏族部落的首领不仅是一个正式的社会职业，还体现为一种自觉的社会行为。首领在管理和处理氏族部落内部事务过程中，具有了能够肯定或否定某些事务的“权力”。领导权力由此登上历史舞台，其背后不是“君权神授”的神秘意志，而是有着深刻的物质基础与逻辑演进：生产力的发展—社会的分工—阶级的出现—产品的剩余—私有制的出现。

恩格斯在为1891年版《法兰西内战》一文写的导言中指出，以私有制为基础的整个资产阶级，因为其手中可以操纵生产资料，便可以肆无忌惮地侵占无产者的劳动成果，使其在经济财富上达到史无前例的高度，但是得到“更大程度发展的还是贪污舞弊和普遍的盗窃”①；“资本主义制度的一切丑恶事物就毫无阻碍地泛滥起来……这一从头到脚披着华美外衣的政府权力已陷入污泥。这个国家机器本身的彻底的腐朽性以及在它统治下兴旺发达的整个社会机体的糜烂状态……”②。可见，生产

① 中共中央马克思恩格斯列宁斯大林著作编译局.马克思恩格斯选集（第3卷）[M].北京：人民出版社，2012:47.

② 中共中央马克思恩格斯列宁斯大林著作编译局.马克思恩格斯选集（第3卷）[M].北京：人民出版社，2012:166.

资料归私人所有的生产关系，使得公共权力服务于少数有产阶级成为可能，同时也孕育了滋生腐败的环境，构成了贪婪、盗窃、利己等丑恶行为产生的经济基础。马克思主义坚持唯物史观的基本观点，从生产资料所有制这一层面来透视腐败产生的经济根源，同时也从另一个角度提出了解决的方向："共产主义是私有财产即人的自我异化的积极的扬弃，因而是通过人并且为了人而对人的本质的真正占有。"[①] 这其实指明了只有消灭私有制，实现生产资料所有制由私有向公有的转变，建立以公有制为基础的上层建筑，才能消除腐败思想及行为滋生的政治基础，达到清廉的政治建设目标。这对当前的清廉乡村建设具有现实指导意义。

2. 关于监督权力和"廉价政府"的思想

公共权力是否受规制以及受规制的程度，是当下影响清廉乡村建设的最主要因素之一。如何在清廉乡村建设中防范权力滥用，是推进清廉乡村建设的核心课题之一。只有将权力行使在"阳光"下，接受人民群众的监督，才能让权力的使用造福于民，这也是马克思主义权力监督理论的主要内容。

马克思明确指出巴黎公社的勤务员"总是处于切实的监督之下。社会公职不会再是中央政府赏赐给它的爪牙的私有财产"[②]。马克思在《法兰西内战》一文中指出，法兰西第二帝国这个旧的国家政权"实际上正是这个社会最丑恶的东西，正是

---

① 中共中央马克思恩格斯列宁斯大林著作编译局 . 马克思恩格斯全集（第 3 卷）[M]. 北京 : 人民出版社 ,2002:297.

② 中共中央马克思恩格斯列宁斯大林著作编译局 . 马克思恩格斯选集（第 3 卷）[M]. 北京 : 人民出版社 ,2012:167.

这个社会一切腐败事物的温床”[①]，“从头到脚污点累累，其集中表现是：在国内腐败透顶，在国外极端无能”[②]。而旧国家政权的直接对立物是公社，新生的巴黎公社“实现了所有资产阶级革命都提出的廉价政府这一口号”[③]，它最大化地彰显人民属性，为了实现“廉价政府”的政治目标，在巴黎公社中采取各种廉政、民主的措施，如精简政府机构、取消官员特权、普选公职人员、奉行低薪、减轻人民赋税、废除常备军和警察等。以此防止国家、国家机关以及国家公职人员由社会公仆变成社会主人，对于选举出来而凌驾于人民之上的公职人员可以随时罢免。同时，强调公社里面公职人员的权力是人民赋予的。因此，应该向人民公开、接受人民监督。资本主义国家政治是秘密的，非公开的。“官僚政治的普遍精神是秘密，是奥秘；保守这种秘密在官僚政治内部靠等级制，对于外界则靠它那种封闭的同业公会性质。因此，公开的国家精神及国家信念，对官僚政治来说就等于泄露它的奥秘。”[④]相反，巴黎公社规定：“公社可不像一切旧政府那样自诩决不会犯错误。它把自己的所言所行一律公布出来，把自己的一切缺点都让公众知道。”[⑤]这些

---

① 中共中央马克思恩格斯列宁斯大林著作编译局 . 马克思恩格斯文集（第 3 卷）[M]. 北京：人民出版社 ,2009:154.

② 中共中央马克思恩格斯列宁斯大林著作编译局 . 马克思恩格斯选集（第 3 卷）[M]. 北京：人民出版社 ,2012:140.

③ 中共中央马克思恩格斯列宁斯大林著作编译局 . 马克思恩格斯选集（第 3 卷）[M]. 北京：人民出版社 ,2012:101.

④ 中共中央马克思恩格斯列宁斯大林著作编译局 . 马克思恩格斯全集（第 3 卷）[M]. 北京：人民出版社 ,2002:60.

⑤ 中共中央马克思恩格斯列宁斯大林著作编译局 . 马克思恩格斯选集（第 3 卷）[M]. 北京：人民出版社 ,2012:109.

都体现了共产党人的清廉初心。

在此基础上，列宁在创建了第一个社会主义国家之后，结合本国实际和无产阶级政党执政实践，提出了一系列反对特权的思想。他认为，如果没有有效的措施对国家、国家机关及其公职人员进行监督、管理，那么社会主义会在襁褓中覆灭。对此，他起草并由人民委员会颁布了《关于人民委员、高级职员和官员的薪金额的决定》《不容许亲属在苏维埃机关共同供职的法令》等规章和法律，以确保党和国家领导干部的清正廉洁。列宁在《苏维埃政权的当前任务》中讲道："要有多种多样的自下而上的监督形式和方法，以便消除苏维埃政权的一切可能发生的弊病，反复地不倦地铲除官僚主义的莠草。"[①] 他在《国家与革命》中提出："使所有的人都来执行监督和监察的职能，使所有的人暂时都变成'官僚'，因而使任何人都不能成为'官僚'。"[②] 指明了自下而上的人民群众监督是对权力的有效制约形式，强调民主要贯穿于权力的运行中。

权力只有在合法的边界范围之内行使，才能避免对公共利益的侵犯，没有监督的权力，就如断线的风筝、脱缰的野马，容易被滥用而倒向权力异化。马克思、恩格斯在巴黎公社的伟大尝试中对廉洁政体提出了自己的构想，列宁在建设第一个社会主义国家政权中付出了实际行动。马克思主义经典作家对民主监督、权力规范的认识，与"清廉中国"建设目标是相连相

① 中共中央马克思恩格斯列宁斯大林著作编译局．列宁选集（第 3 卷）[M]. 北京：人民出版社，2012:506−507.

② 中共中央马克思恩格斯列宁斯大林著作编译局．列宁全集（第 31 卷）[M]. 北京：人民出版社，2017:105.

通的，对当下清廉乡村建设具有重要的指引和启示。

（三）马克思主义经典作家关于基层组织建设的思想

19世纪中叶，马克思、恩格斯肩负起重大的历史任务，即创立无产阶级政党。1847年，他们接受正义者同盟——德国工人和手工业者的秘密革命组织邀请，加入该同盟并提议将其改组为“共产主义者同盟”。在共产主义者同盟第一次代表大会上通过的《共产主义者同盟章程（草案）》中，对同盟的目的、盟员的条件、同盟的组织机构等进行了规定，并着重对支部、区部、总区部、中央委员会和代表大会的设置、职责范围等作出了详细的安排。同盟章程的条款体现了民主选举、地位平等、自由讨论等特点。这个时候马克思、恩格斯已经意识到，一个政党应该有一套自下而上完整的组织系统，才能作为一个整体而实现自己的奋斗目标。为此，他们还亲自领导党支部的组建工作，马克思担任支部书记。在随后的革命活动中，马克思、恩格斯积极参与工人阶级组织和运动，他们更加深刻地明白党组织不能脱离人民群众，而基层党组织是沟通人民的渠道，必须时刻关注群众诉求，并确保群众能够真正参与到决策过程中，以人民的立场思考和解决问题。与此同时，他们还特别重视保障党内成员的基本权利。马克思、恩格斯的这些活动和思想，为后来中国共产党的建设以及组织理念的形成提供了基础。

列宁在继承马克思、恩格斯民主建党思想的基础上，对基层组织建设理论进一步阐发。列宁创造性地提出要想建立有组织的共产党，前提就是要建立支部并加以巩固。与此同时，他还在工厂、矿山等基本生产单位设立党支部，使得无产阶级政党在基层的根基得以深扎。此外，他在探索农村社会主义建设过程中，也非常重视农村基层组织的建设。列宁在十月革命取得胜利之后，就开始研究要依靠什么来开展乡村治理的问题。对此，他曾说过："建立农村党支部，改选工人、农民和红军代表苏维埃以清除富农分子……这些以及诸如此类的措施应当严格地予以执行。"[①] 他认为首先应该建立和发展农村党支部，以此来推进社会主义建设。其次，列宁号召和吸纳劳动人民加入基层党组织，他希望普通工人、贫苦农民能够入党，"来进行困难的工作，进行建设国家的工作"[②]。通过壮大基层党组织的力量，促进农村农业发展。在这个过程中，他注重对加入农村基层党组织的人员在素质、文化、能力、结构等方面进行优化调整，注重培养优秀的基层党员干部，以增强组织的公信力、影响力和战斗力。此外，为了确保农村建设方向始终沿着社会主义方向发展，列宁始终坚持党管农村的工作原则，这是发展农村经济、筑牢基层政权的政治保障。

从一定层面来说，基层党组织建设是打造清廉乡村的基石。马克思主义经典作家关于党组织建设，尤其是农村基层党组织建设的相关思想，可以很好地指导我国广大乡村地区通过基层党组织建设助力清廉乡村深入发展，推动乡村振兴战略的贯彻实施。

---

① 中共中央马克思恩格斯列宁斯大林著作编译局.列宁全集（第36卷）[M].北京：人民出版社,2017:92.

② 中共中央马克思恩格斯列宁斯大林著作编译局.列宁全集（第37卷）[M].北京：人民出版社,2017:219.

二、思想传承：中国共产党主要领导人的相关思想

毛泽东同志指出，我们要建设的是“一个有纪律的、思想上纯洁的、组织上纯洁的党”[①]。一百多年来，中国共产党秉承马克思、恩格斯、列宁等革命导师关于建设清廉政治、廉洁政府的初心，以新的作风、新的姿态、新的行动，致力于打造一个人民能够实现自我管理、清气满乾坤的清廉政党、清廉政府和清廉中国。

（一）毛泽东同志关于清廉建设的相关论述

中国共产党自成立之日起，便深深地打上了马克思主义政党的烙印，将建设清廉政党作为自身建设的价值追求目标。在革命年代，为了不使党陷于腐化，危及革命事业和影响我党我军在群众中的形象，党非常强调革命纪律。1921 年，中国共产党的第一个纲领就明确了新生政党的政治目标——实行社会革命，推翻资产阶级，消灭阶级、消灭私有，并强调要执行严格的纪律，而且还制定了一系列制度和成立了一些机构来保证纪律的执行。如 1926 年 8 月，我党历史上第一部惩治贪腐分子的文件《中央扩大会议通告——坚决清洗贪污腐化分子》发布；1927 年 4 月，党的五大选举产生了党的第一个中央纪律检查机构——中央监察委员会（中央纪律检查委员会的前身）；1928 年 4 月，颁布《三大纪律六项注意》（后发展为《三大纪律八项注意》）；1933 年 12 月，签发我党历史上第一部反腐法令《关于惩治贪污浪费行为》。1940 年 2 月 1 日，毛泽东同志在延安民众讨汪大会上发表题为《团结一切抗日力量，反对反

① 毛泽东 . 毛泽东文集（第 3 卷）[M]. 北京：人民出版社 ,1996:261.

共顽固派》的演讲中说道："陕甘宁边区是全国最进步的地方，这里是民主的抗日根据地。这里一没有贪官污吏，二没有土豪劣绅，三没有赌博，四没有娼妓，五没有小老婆，六没有叫化子，七没有结党营私之徒，八没有萎靡不振之气，九没有人吃磨擦饭，十没有人发国难财。"[①] 正是因为这种严格的纪律，保证了党纯洁的风气，直接推动了中国革命的前进。

为了规范根据地各级政府和公职人员的行为，早在 1927 年，毛泽东同志在《湖南农民运动考察报告》中就明确提出："县政治必须农民起来才能澄清……在农民已经起来的县，无论什么人去，都是廉洁政府。"[②] 强调只有动员农民起来，"廉洁政府"的建立才有可能。1937 年 8 月，中共中央在陕北召开的洛川会议通过了《中国共产党抗日救国十大纲领》，其中，第四部分"改革政治机构"专门强调国防政府采取民主集中制，提出要"实行地方自治，铲除贪官污吏，建立廉洁政府"[③]。1937 年 11 月，毛泽东同志在《上海太原失陷以后抗日战争的形势和任务》的报告中指出，要防止"国民党对共产党干部所施行的升官发财酒色逸乐的引诱"[④]。1941 年 11 月，陕甘宁边区第二届参议会正式通过的具有宪法性质的文件——《陕甘宁边区施政纲领》中第八条明确规定："厉行廉洁政治，严惩公务人员之贪污行为，禁止任何公务人员假公济私之行

① 毛泽东 . 毛泽东选集（第 2 卷）[M]. 北京：人民出版社 ,1991:718.
② 毛泽东 . 毛泽东选集（第 1 卷）[M]. 北京 : 人民出版社 ,1991:29.
③ 中共中央文献研究室 , 中央档案馆 . 建党以来重要文献选编（1921—1949）（第 14 册）[M]. 北京 : 中央文献出版社 ,2011:476.
④ 毛泽东 . 毛泽东选集（第 2 卷）[M]. 北京 : 人民出版社 ,1991:392.

为，共产党员有犯法者从重治罪。同时实行俸以养廉原则，保障一切公务人员及其家属必需的物质生活及充分的文化娱乐生活。”[①]1945年4月，毛泽东同志在《论联合政府》中提出，“我们的具体纲领”之一，就是“惩办贪官污吏，实现廉洁政治”。[②]

中华人民共和国成立前夕，中国共产党为了更好地适应角色和地位即将发生的改变，以及做好成为全国执政党之后的各项工作，在1949年3月召开的党的七届二中全会上提出了著名的“两个务必”重要思想，强调要加强党的思想建设，防止各种不良思想的侵蚀。1949年9月底，中国人民政治协商会议第一届全体会议通过的《中国人民政治协商会议共同纲领》第二章“政权机关”第十八条明确规定：“中华人民共和国的一切国家机关，必须厉行廉洁的、朴素的、为人民服务的革命工作作风，严惩贪污，禁止浪费，反对脱离人民群众的官僚主义作风。”[③]

相比于革命时期，“新中国成立之后，党成为执政党，掌握了政权，有了调动全国人财物等资源的权力，而且权力之大、可调动的资源之多，都是未执政时无法比拟的”[④]。历史方位的转换带来了严峻挑战，以毛泽东同志为核心的党的第一代中央领导集体高度重视并积极应对，通过各种方法途径努力塑

---

① 中共中央文献研究室，中央档案馆.建党以来重要文献选编（1921—1949）（第18册）[M].北京：中央文献出版社，2011:242.

② 毛泽东.毛泽东选集（第3卷）[M].北京：人民出版社，1991:1064.

③ 中共中央文献研究室，中央档案馆.建党以来重要文献选编（1921—1949）（第26册）[M].北京：中央文献出版社，2011:762.

④ 江泽民.江泽民文选（第3卷）[M].北京：人民出版社，2006:179.

造清正廉洁的新风尚。1949 年 10 月，中央人民政府委员会第三次会议决定成立中央人民政府政务院人民监察委员会。1949 年 11 月，党决定成立中央和各级党的纪律检查委员会。1950 年 4 月，中共中央发出《关于在报纸刊物上展开批评和自我批评的决定》，以报刊为载体开展批评与自我批评。自 1950 年开始，我党相继在全党全军和党政机关工作人员中开展整风运动和“三反”“五反”“新三反”运动，以开展群众运动为主要方式，洗涤旧社会的污泥浊水对新生政权和国家的侵染。1956 年 9 月，党的八大明确规定：“把不可救药的腐化堕落分子清除出党。”[①] 明确提出：“我们所建立的国家，同一切其他的社会主义国家一样，是人类历史上最民主、最有效率、最巩固的国家……把我们的国家机关建设成为勤勉的、廉洁的、为人民服务的国家机关。”[②] 随后，中共中央采取了一系列措施以转变党的作风，树立良好廉洁形象，为后继者深入推动清廉建设提供了理论支撑和实践经验。

（二）邓小平同志关于清廉建设的相关论述

党的十一届三中全会后，党和国家的事业得到蓬勃发展，各项改革开放政策激发了经济社会发展的活力，当下面临的现实难题，也引发了党的新一代领导人的一系列思考。1983 年 10 月，邓小平同志在党的十二届二中全会上指出：“把我们党建设成为有战斗力的马克思主义政党，成为领导全国人民进行

① 刘少奇．刘少奇选集（下卷）[M]. 北京：人民出版社，1985:272.

② 中央档案馆，中共中央文献研究室．中共中央文件选集（1949 年 10 月—1966 年 5 月）(第 24 册）[M]. 北京：人民出版社，2013:93.

社会主义物质文明和精神文明建设的坚强核心。”[①]1987 年 10 月，党的十三大报告中提出建设“站在改革和现代化建设的前列，成为一个勇于改革、充满活力的党，纪律严明、公正廉洁的党，选贤任能、卓有成效地为人民服务的党”[②]的目标。

以邓小平同志为核心的党的第二代中央领导集体，在建设清廉政党、清廉政府和清廉中国的路上继续勇毅前行，提出了一系列清廉建设思想，走出了一条不同于群众运动式的路子。一是要搞好廉洁政治。邓小平同志在会见美籍华裔学者李政道教授时表示搞廉洁政治，“不是搞一天两天、一月两月”[③]，要贯穿整个改革开放的过程中。邓小平同志要求全党“廉政建设要作为大事来抓”[④]。二是主张按照唯物辩证法指导，提出要“两手抓，两手都要硬”。1989 年 6 月，邓小平同志对党的第三代领导集体提出的要求与期待是：“做几件使人民满意的事情。主要是两个方面，一个是更大胆地改革开放，另一个是抓紧惩治腐败……这两件事结合起来，对照起来，就可以使我们的政策更加明朗，更能获得人心。”[⑤]三是要抓好党风社风，完善监督。1979 年 3 月，邓小平同志在《坚持四项基本原则》中提出：“为了促进社会风气的进步，首先必须搞好党风，特别是要求党的各级领导同志以身作则。党是整个社会的表率，党

---

① 中共中央文献研究室．十一届三中全会以来重要文献选读（下册）[M]. 北京：人民出版社，1987:721.

② 中共中央文献研究室．十三大以来重要文献选编（上）[M]. 北京：人民出版社，1991:55.

③ 邓小平．邓小平文选（第 3 卷）[M]. 北京：人民出版社，1993:327.

④ 邓小平．邓小平文选（第 3 卷）[M]. 北京：人民出版社，1993:379.

⑤ 邓小平．邓小平文选（第 3 卷）[M]. 北京：人民出版社，1993:313–314.

的各级领导同志又是全党的表率。”[①]1983 年 10 月，党的十二届二中全会通过《中共中央关于整党的决定》，希望用三年的时间，按照“领导班子—领导干部—党员群众”的顺序自上而下，分三批次、分步骤对党的作风、组织和纪律进行全面整顿，其中第三批主要针对乡镇和农村基层地区的党组织开展。邓小平同志还进一步提出党要接受监督才能进行更好的领导，“最重要的是要有专门的机构进行铁面无私的监督检查”[②]。四是恢复和建立清廉制度。邓小平同志非常重视加强党的制度建设，这是他的清廉建设思想的精华。他曾指出，制度问题涉及党和国家的全局与稳定，以前发生错误的原因有很多，“但是组织制度、工作制度方面的问题更重要。这些方面的制度好可以使坏人无法任意横行，制度不好可以使好人无法充分做好事，甚至会走向反面”[③]。为此，党在恢复和重建改革开放之前的清廉制度的基础上进一步优化。1979 年 11 月，由中共中央、国务院印发《关于高级干部生活待遇的若干规定》。1980 年 8 月，邓小平同志在中共中央政治局扩大会议上发表题为《党和国家领导制度的改革》的讲话。1980 年 2 月，中国共产党制定《关于党内政治生活的若干准则》。1980 年 7 月，中共中央发布《关于坚持“少宣传个人”的几个问题的指示》等。

（三）江泽民同志关于清廉建设的相关论述

20 世纪末期，面对商品经济与市场经济条件下的新形势和

① 邓小平 . 邓小平文选（第 2 卷）[M]. 北京 : 人民出版社 ,1994:177.
② 邓小平 . 邓小平文选（第 2 卷）[M]. 北京 : 人民出版社 ,1994:332.
③ 邓小平 . 邓小平文选（第 2 卷）[M]. 北京 : 人民出版社 ,1994:333.

新问题，以江泽民同志为核心的党的第三代中央领导集体顺应时代潮流，围绕“建设什么样的党，怎么建设党”这一重大现实问题，对清廉建设进行了强调和部署。此举旨在锻造一个坚强的党中央，顺利地把社会主义事业推向21世纪。

以江泽民同志为核心的党的第三代中央领导集体，继承和发展了前两代领导集体的清廉建设思想，把清廉建设推进到了一个新的阶段。其清廉建设的主要思想有以下两点，一方面，突出“讲正气”。1995年11月，江泽民同志在北京考察时指出：“根据当前干部队伍的状况和存在的问题，在对干部进行教育当中，要强调讲学习，讲政治，讲正气。全国都应这样做，北京市更要起带头作用。”[①]并在党的十四届六中全会上决定，对县处级以上领导干部开展“三讲”教育——讲学习、讲政治、讲正气。其中，“讲正气”就是要求共产党人要有浩然之气，坚持原则和真理，坚决抵制一切错误的、腐朽的东西。另一方面，实行标本兼治，综合治理。江泽民同志在邓小平同志“两手抓，两手都要硬”的基础上提出廉政建设是一个系统工程，要做到“标本兼治，综合治理，持之以恒”[②]。对于如何标本兼治、综合治理，他进一步提出了八个字要求，即教育、法制、监督、改革，为清廉建设在方法论上提供了新的思路和方向。江泽民同志的清廉建设思想为清廉建设注入新的血液，成为社会主义先进文化的重要内容，丰富了“三个代表”重要思想。

① 江泽民．江泽民文选（第1卷）[M]．北京：人民出版社，2006:483.
② 江泽民．论党的建设[M]．北京：中央文献出版社，2001:105.

（四）胡锦涛同志关于清廉建设的相关论述

21 世纪初，随着世情、国情、党情发生深刻的变化，我党不可避免地面临着新的问题、新的挑战。在这样的大背景下，以胡锦涛同志为总书记的党中央，坚持求真务实地开展清廉建设，以确保党和国家各项事业健康发展。

以胡锦涛同志为总书记的党中央的清廉建设主要体现在两个方面：一方面，加强党的先进性建设。为了进一步提高基层党组织的创造力、凝聚力、战斗力和服务群众的自觉性，以及进一步改进和加强党员干部的作风，从 2005 年 1 月开始，在全党开展以实践“三个代表”重要思想为主要内容的保持共产党员先进性教育活动。胡锦涛同志在专题报告会上第一次明确提出了“党的先进性建设”这一科学命题，提出党的先进性建设“始终是我们党生存、发展、壮大的根本性建设”[①]。并在 2006 年中国共产党成立 85 周年大会上再次强调：“我们必须把加强党的先进性建设作为一项重大战略任务更加突出、更加紧迫地提到全党面前。”[②]之后，他又在党的十七大报告中强调：“必须把党的执政能力建设和先进性建设作为主线。”[③]同时对作为执政党的中国共产党提出了进一步的要求：“使党始终成为立党为公、执政为民，求真务实、改革创新，艰苦奋斗、清正廉洁，富有活力、团结和谐的马克思主义执政党。”[④]几句简

① 中共中央文献研究室．十六大以来重要文献选编（中）[M]. 北京：中央文献出版社，2006:615.

② 中共中央文献研究室．十六大以来重要文献选编（下）[M]. 北京：中央文献出版社，2008:526.

③ 胡锦涛．胡锦涛文选（第 2 卷）[M]. 北京：人民出版社，2016:652.

④ 胡锦涛．胡锦涛文选（第 2 卷）[M]. 北京：人民出版社，2016:652.

短的论述，凸显了党的先进性建设的重要地位和意义。另一方面，重视反腐倡廉建设。2007 年 6 月，胡锦涛同志在中共中央党校发表重要讲话时，首次提出“反腐倡廉建设”的表述。这一提法在党的十七大报告中被纳入党的建设布局中：“坚持党要管党、从严治党，贯彻为民、务实、清廉的要求……以完善惩治和预防腐败体系为重点加强反腐倡廉建设。”[①] 至此，“反腐倡廉建设”的提法取代了“反腐倡廉工作”，党建的“四位一体”布局扩充为“五位一体”的新格局，将“反腐倡廉建设”从“作风建设”中独立出来，摆在更突出的位置。这是党在新的历史起点上对党的执政和建设规律的深刻把握，进一步丰富和发展了清廉建设的内容。

（五）以习近平同志为核心的党中央的相关思想

习近平总书记在第十八届中央纪律检查委员会第二次全体会议上的讲话中明确指出：“党的十八大提出建设廉洁政治的重大任务，要求做到干部清正、政府清廉、政治清明。”[②] 以习近平同志为核心的党中央，在继承马克思主义清廉思想的基础上，接续发展中华人民共和国成立以来几代中央领导集体关于清廉建设的思想，朝着“海晏河清、朗朗乾坤”的清廉中国不断迈进，提出了一系列新时代清廉建设新思想。总结起来主要有以下几个方面。

首先，将对“全面从严治党”的重视程度提升至历史最

① 胡锦涛．胡锦涛文选（第 2 卷）[M]. 北京：人民出版社，2016:652.

② 中共中央纪律检查委员会，中共中央文献研究室．习近平关于党风廉政建设和反腐败斗争论述摘编 [M]. 北京：中央文献出版社，中国方正出版社，2015:138.

高。将其纳入“四个全面”战略布局中，作为重要组成部分，同时这一理念也被正式写入新修订的党章之中。其次，进行了中国共产党历史上最大力度、最大范围的反腐斗争。“打虎”无禁区、“拍蝇”零容忍、“猎狐”撒天网，一体推进“三不腐”，在力度、广度、深度上史无前例。再次，有序开展党内集中教育，用最新思想武装全党、教育人民。自党的十八大以来，我党相继开展了多项教育活动，包括党的群众路线教育实践活动（2013 年），“三严三实”专题教育（2015 年），“两学一做”学习教育（2016 年），“不忘初心、牢记使命”主题教育（2019 年），党史学习教育（2021 年），党纪学习教育（2024 年）等。最后，特别注重廉洁制度建设。从国家级到县级，纵向组建了监察委员会，并制定专项法律，如《中华人民共和国监察法》《中华人民共和国监察官法》。同时，还出台了《关于改进工作作风、密切联系群众的八项规定》，修订和颁布了《中国共产党廉洁自律准则》《中国共产党纪律处分条例》《中国共产党问责条例》等党内法规制度，为推进清廉政党、清廉政府和清廉中国建设提供了坚实的法律、制度保障。

综上所述，虽然历代中央领导集体没有直接针对清廉乡村建设提出明确论述，但他们关于清廉建设的思想和观点，为我们在乡村建设中推进清廉建设提供了重要的指导和方向。我们应该深入学习和贯彻这些精神，将其转化为具体的行动指南，以实际行动来推动清廉乡村的建设和发展，确保这一目标得以实现。

三、文化根基：中华优秀传统文化的相关思想

中国传统文化博大精深、弦歌不绝，但又如任何文化一

样，它也是瑕瑜互见。中国共产党作为坚定的历史唯物主义者，对待传统文化的基本立场和态度是坚持“取其精华，去其糟粕”，努力做到古为今用，让优秀传统文化在现代社会中焕发新的活力。中华优秀传统文化中蕴含着许多关于乡村建设、清廉建设的思想和实践，是清廉乡村建设弥足珍贵的历史文化资源。

（一）“清廉”的历史传统溯源

“中华传统文化的核心就是‘八德’：孝悌忠信礼义廉耻。这些就是中华文化的DNA，渗透到中华民族每一个子孙的骨髓里。”[①]“廉”占据了“八德”的一席之位。自古以来，我国都崇尚清廉、廉洁，清廉为官、清廉政府、清廉社会、清廉国家是中华民族的历史传承，也是价值追求。清廉文化、清廉思想、清廉制度在中华传统文化中得到充分体现。从古至今，无数的领导人、思想家、政治家大力倡导清廉修身、齐家、治国。

1. 治国之本：清廉是治国理政的基本原则

中华民族向来将清廉作为治国、兴国、强国之大纲。倡导和践行清廉是民心所向，攸关国家社稷之大事。

最早将清廉作为治国理政之根本的是春秋时期齐国的政治家管仲，他在《管子·牧民·国颂》中提出：“四维张则君令行……四维不张，国乃灭亡。”[②]其中，“四维”是指“礼义廉耻”。在管仲看来，“礼”为节度尊卑，“义”为行事标准，

① 王岐山.坚持党的领导 依规管党治党 为全面推进依法治国提供根本保证[N].人民日报,2014-11-03（03）.

② 李山译注.管子[M].北京：中华书局,2016:2.

“廉”为廉洁方正，“耻”为知耻之心。他将礼义廉耻看作是立国的四大基本纲纪，提升到事关国家命运的高度，如果这“四维”得不到伸张推行，国家将不复存在。《礼记·礼运》中也讲道：“大臣法，小臣廉，官职相序，君臣相正，国之肥也。”[①]在《晋书·阮种传》中也有记载：“夫王道之本，经国之务，必先之以礼义，而致人于廉耻。”[②]由此可见，我国古代社会将“清廉”作为国家政治生活中重要的价值追求，置于治国理政的重要地位，廉则国家繁荣昌盛，社会秩序井然，百姓安居乐业。反之，国家将江河日下，社会动荡不安，民不聊生。

清廉是兴国之本，其最突出表现是“廉政”。早在两千多年前，晏子在《晏子春秋》中讲道：“廉者，政之本也”[③]，仅用几个简单的文字便澄清了“廉”与“政”的关系，“廉”第一次被引申到政治领域，倡导以“廉”治国。在晏子与齐景公两人探讨如何才能让政治廉洁而长久运行的对话中，齐景公问：“廉政而长久，其行何也？”晏子回答：“其行水也。美哉水乎清清，其浊不无雩途，其清无不洒除，是以长久也。”[④]首次使用并解释了“廉政”的概念。在《晋书·阮种传》中记载：“夫廉耻之于政，犹树艺之有丰壤，良岁之有膏泽，其生物必油然茂矣。”[⑤]认为清廉对政治的重要性像沃土、雨露对于生物一样必不可少。元代文学家揭傒斯曾说：“廉非为政之极，而

①〔元〕陈澔注；金晓东校点．礼记 [M]. 上海：上海古籍出版社，2016:265.
②〔唐〕房玄龄等撰．晋书（第 5 册）[M]. 北京：中华书局，2015:1446.
③ 汤化译注．晏子春秋 [M]. 北京：中华书局，2015:413.
④ 汤化译注．晏子春秋 [M]. 北京：中华书局，2015:248.
⑤〔唐〕房玄龄等撰．晋书（第 5 册）[M]. 北京：中华书局，2015:1446.

为政必自廉始。”① 意指清廉虽不是为政的最高要求，但是从政应该以清廉为发端做起，不然就不用谈论实施德政了。

综上所述，我们可以清晰地看到，倡导清廉的政治理念是贯穿每一个历史时期为政治国的要务，也是社会教化的核心。此外，这种理念也很注重与礼节、正义、羞耻感等其他社会价值观念的结合，以此来维护社会的和谐与秩序，以之作为治国理政的智慧和法宝。这对于构建一个公正、有序的社会环境具有不可替代的作用。

2. 为官之要：清廉是各级官员的官德标准

清廉不仅被视为治国理政的根本，也是为官者必须坚守的核心原则。在有效治理的国度里，培养廉吏以及建立廉制是国家治理的应有之义。在我国悠久的历史长河中，虽然存在着类似“三年清知府，十万雪花银”“有钱通鬼神”等腐朽的从政歪理，但是也从来不缺清官廉吏。清廉是每一位从政为官者必须具备的基本人格操守、重要行为规范和职业价值标准，自古以来就极受重视。

我国古代官箴秦简开门见山地指出：“凡为吏之道，必精絜（洁）正直，慎谨坚固，审悉毋（无）私。”② 南宋理学家、文学家吕祖谦则把“清廉”作为当官的“三法”之一。《周礼·天官冢宰·小宰》提出考察“吏治”要以“六廉”为标准，即“一曰廉善，二曰廉能，三曰廉敬，四曰廉正，五曰廉

①〔元〕揭傒斯著；李梦生标校．揭傒斯全集 [M]. 上海：上海古籍出版社，2012:327.

②［日］工藤元男著．睡虎地秦简所见秦代国家与社会 [M].［日］广濑薰雄，曹峰，译．上海：上海古籍出版社，2018:8.

法，六曰廉辨”[①]。意指各级为官者，其一，要善于行事理民，且具有良好的口碑；其二，要能够使朝廷政令法规顺利贯彻实施；其三，做到在其位谋其政、敬业守责；其四，做到品行刚正，不徇私偏袒；其五，做到依法办事、守法不失；其六，做到头脑清楚、明察是非曲直。以上“六事之中”均以“廉”为根本。唐朝女帝武则天在《臣轨·廉洁》中直言：“廉平之德，吏之宝也。”[②]东汉史学家班固所撰的《汉书·宣帝纪》中记录汉宣帝在位时，发现有些官员虽然办事认真，但是因为俸禄太低而出现侵占百姓钱财土地的情况，为此专门下诏书说道：“吏不廉平，则治道衰。”[③]意思是如果官员不廉洁奉公，国家势必就会衰落，为此他增加底层官员的俸禄，以期他们能够公正廉洁。《汉书·王贡两龚鲍传》中记录“自吉至崇，世名清廉，然材器名称稍不能及父，而禄位弥隆……天下服其廉而怪其奢”[④]，“孝文皇帝时，贵廉洁，贱贪污”[⑤]。元朝的徐元瑞所写的被誉为元代官吏从政启蒙书《吏学指南》中讲道，为官应该做到“三尚”：尚廉、尚勤、尚能，其中“尚廉，谓甘心淡薄，绝意纷华，不纳苞苴，不受贿赂，门无请谒，身远嫌疑，饮食宴会，稍以非议，皆谢地却之”[⑥]。强调为官者要做到淡泊明志而避免玩物丧志，不收受礼物，不受贿赂，自己家门口没有等

---

① 杨天宇．周礼译注 [M]. 上海：上海古籍出版社，2016:49.

② 王双怀，梁克敏，田乙．帝范臣轨校释 [M]. 西安：陕西人民出版社，2016:238.

③〔汉〕班固．汉书 [M]. 北京：中华书局，2007:65.

④〔汉〕班固．汉书 [M]. 北京：中华书局，2007:719.

⑤〔汉〕班固．汉书 [M]. 北京：中华书局，2007:721.

⑥〔元〕徐元瑞．吏学指南 [M]. 浙江古籍出版社，1988:135.

着请求拜见的人，远离是非嫌疑，对于吃喝宴会，只要有一点不符合正义的，一概谢绝。

在这些清廉规范的倡导和约束下，出现了很多清官廉吏。例如，北宋名臣包拯在当时官场混乱、百姓怨声载道的政治背景下，在向宋仁宗上奏的文书《乞不用赃吏疏》中说：“廉者，民之表也；贪者，民之贼也。”[①] 包拯认为清正廉洁之人是人民的表率，反之，把贪官污吏看作是人民的盗贼。据史书记载，被康熙皇帝称赞为“天下第一清官”的张伯行为谢绝来自各方的馈赠，写了一篇《却赠檄文》，其中说道：“一丝一粒，我之名节；一厘一毫，民之脂膏。宽一分，民受赐不止一分；取一文，我为人不值一文。谁云交际之常，廉耻实伤；倘非不义之财，此物何来？”[②] 他在毫厘取舍之间彰显了清廉为官的价值立场。此外还有许多清廉典故，如春秋宋国司城子罕“以廉为宝”，拒收宝玉；北朝南清河郡太守苏琼“悬瓜拒礼”以显清廉；元丞相安童为官几十载却家徒四壁，“誓守清廉”等，可谓数不胜数。

以上都是为官清廉的具体表现，可谓一语中的，深刻揭示了“清廉”在政权建设中的作用。“清廉”是判断官员品行道德的根本准则，是为官者必备的官德。

3. 立身之根：清廉是为人处世的行为准则

对于如何为人处世的问题，中国传统文化中蕴含着深刻的

① 程少华编著；中国国学文化艺术中心组编．崇正义 [M]. 北京：人民出版社，2016:80.

② 程少华编著；中国国学文化艺术中心组编．崇正义 [M]. 北京：人民出版社，2016:95.

智慧。对在仕途上追求发展的人来说，恪守清廉是基本的职业道德要求；对普通民众而言，为人守廉、廉以修身，也被视为塑造个人品德和社会形象的重要基石，这一点在社会中备受推崇和尊重。

在我国传统文化中，关于清廉修身的论述俯拾即是。“君子行廉以全其真，守清以保其身”[①]，有人将忠、孝、廉、节作为人生大纲，“廉”占据了其中一席之位。战国时期，楚国诗人、政治家屈原在《楚辞·招魂》中说道：“朕幼清以廉洁兮，身服义而未沬。”[②]即屈原自幼具有清廉的德行，践行于道义而没有些许减轻。《韩非子·解老》中提出：“所谓廉者，必生死之命也，轻恬资财也。”[③]则指明廉者应该是舍生忘死而淡泊名利。东汉政论家王符在《潜夫论·实贡》中指出：“夫修身慎行，敦方正直，清廉洁白，恬淡无为，化之本也。”[④]把“清廉洁白”作为修养自己的品德和改变社会风气的根本。北宋林逋在《省心录》中谈道：“忠信廉洁，立身之本，非钓名之具也。”[⑤]明确指出忠信廉洁不是沽名钓誉的工具，而是立身之本。隋朝教育家王通在《中说·王道》中说道：“廉者常乐无求，贪者常忧不足。”[⑥]将“乐无求”与“忧不足”作为清廉和贪婪的区分标准，其意是清廉的人常因无所欲求而快乐，贪婪的人常因不

① 王双怀，梁克敏，田乙．帝范臣轨校释 [M]. 西安：陕西人民出版社，2016:238.

② 林家骊译注．楚辞 [M]. 北京：中华书局，2015:210.

③ 高华平，王齐洲，张三夕译注．韩非子 [M]. 北京：中华书局 .2015:60.

④ 马世年译注．潜夫论 [M]. 北京：中华书局，2018:174.

⑤〔宋〕林逋等撰．省心录 [M]. 长沙：岳麓书社，2002:13.

⑥ 张沛．中说校注 [M]. 北京：中华书局，2013:24.

满足而忧愁。《列子·杨朱》中突出“廉”是对名节的守护和追求，即“凡为名者必廉，廉斯贫；为名者必让，让斯贱”[①]。《庄子·让王》中强调“廉”要做到取利不能损害他人的利益，即“人犯其难，我享其利，非廉也”[②]。综上所述，“廉”在对于个人言行的规范是非常丰富且具体翔实的。它既包含了独立不阿的人格、谦让不取的高节，也包含了笃道守节的自律精神。这些内在规定和要求是提升自我修养的应有之义。

4. 齐家之道：清廉是良好家风的内在规定

孟子曾说：“天下之本在国，国之本在家，家之本在身。”[③]此话指明了家庭在“国”与“身”中间“承上启下”的作用。社会的基本细胞是家庭，清廉家庭对于良好社会风气和个人优良品行的塑造非常重要，是“修身、齐家、治国、平天下”的内在属性和规定，所以才会有“一屋不扫，何以扫天下”的古语流传百世。家教严明、家风清正、家庭和睦，构成了我国传统“齐家观”的基本内容，只有清廉齐家才能为治国平天下奠定基础。

在我国古代就有很多清廉齐家的典范。譬如，清朝著名禁烟大臣林则徐，作为爱国名将，他在严于修身律己的同时还严于齐家，他曾对后辈说道：“子孙若如我，留钱做什么？贤而多财，则损其志；子孙不如我，留钱做什么？愚而多财，益增其过。”[④]元代名臣张养浩在《三事忠告·牧民忠告》关于“上

---

① 叶蓓卿译注．列子 [M]. 北京：中华书局 ,2011:177.
② 方勇译注．庄子 [M]. 北京：中华书局 ,2015:500.
③〔战国〕孟子．孟子 [M]. 哈尔滨：北方文艺出版社 ,2018:92.
④ 余清楚．教子当如林则徐 [N]. 人民日报 ,2015-05-11(04).

任”的第五条“禁家人侵渔”中说：“居官所以不能清白者，率由家人喜奢好侈使然也。中既不给，其势必当取于人，或营利以侵民，或因讼而纳贿，或名假贷，或托姻属，宴馈征逐，通室无禁，以致动相掣肘，威无所施。己虽日昌，民则日瘁；己虽日欢，民则日怨。由是而坐败辱者，盖骈首骊踵也……盖自为虽阘门恒淡泊，而安荣及子孙；为人虽欢然如可乐，而祸患生几席也。二者之间，非真知深悟者，未易与言。有官君子，其审择焉。”[①] 这段话揭示了一个简明而朴素的道理——想要做一名清廉的好官员，尤其要管好自己的家人，不然家人出问题也会为自己招来灾祸。被明朝开国皇帝朱元璋亲封为“江南第一家”的浙江省浦江县郑义门（郑姓子弟聚居区域的统称），最鼎盛时期合族同居者达三千多人，经过历代族人的努力制定了《郑氏规范》，其中“清正廉洁”便是其核心要义之一。家规中的第八十八条规定：“子孙出仕，有以赃墨闻者，生则于《谱图》上削去其名，死则不许入祠堂。如果被诬指者，则不拘此。”[②] 从中可以看出郑氏家族对贪污受贿的族人的惩罚相当严厉，一旦发现有违清廉者，则不管生死他都会被整个家族抛弃。也正因为如此，郑氏家族历经三百多年，先后培养出 170 多位官吏，无一人贪墨，成为清廉齐家的历史典范。

（二）我国古代对乡村建设的描述

“清廉乡村”概念在古代文献中尚未被发现，但是在中国这个拥有数千年悠久农耕历史的国度里，古代人民对美好乡村

---

①〔元〕张养浩 . 三事忠告 [M]. 上海 : 商务印书馆 ,1936:10.

② 郑强胜注评 . 郑氏规范 [M]. 郑州 : 中州古籍出版社 ,2016:82.

的向往始终没有间断过。我们可以从古代诗词歌赋中发现古人对秀美的乡村环境、富足的乡村生活、丰富的乡村文化的憧憬与追寻。

1. 古人对风景秀美、布局讲究的乡村环境的描述

清廉乡村建设首先要建立在美好自然乡村环境的基础之上。在古人的眼中，鸡鸣鸟叫、依山傍水、布局有致的乡村环境是乡村独特魅力所在。王维所作的《鸟鸣涧》运用“动景”，如花落、月升、鸟鸣来反衬春山之静，把乡村的静描写得淋漓尽致。这首诗充分地表达了作者对安静祥和的乡村环境的热爱与憧憬。与《鸟鸣涧》有异曲同工之妙的还有孟浩然的《春晓》，诗人在不经意之间，把一个充满鸟语花香的乡村世界展示在世人面前，并为后来者所传诵。而叶绍翁的《游园不值》，则把春日乡村游园的景象以及乡村农家院落优美的风景描绘出来。乡村的美好环境还表现在乡村布局的错落有致中。古人对村落布局非常讲究，如风水学之祖郭璞所著《葬书》，堪舆大师蒋大鸿所著《水龙经》等著作文献中，对于村庄房舍的选址有过详细的记载和描述。可以看出，古人在选址建宅定居上煞费苦心，各种讲究。这并不是迷信之说，因为好的选址其实有益于生产生活，没有人会愿意选择没有山没有水、自然环境恶劣的地方居住。所以追求青山绿水的生活环境，这在客观上引领了古代社会的乡村选址与建设的方向。

2. 古人对丰衣足食、安居乐业的乡村生活的描述

我国自古以来就是农业大国。在古代，由于落后的生产力和封建守旧的统治制度，劳动人民在大部分的朝代里都在生与死的边缘上挣扎度日，如果遇到自然灾害的年份更是雪上加

霜。因此，能够在物质生活上有所改变和提升，是古代人民，尤其是底层劳动人民的基本愿望。“采菊东篱下，悠然见南山”①，这出自东晋著名诗人陶渊明诗作中脍炙人口的名句，表达了其对官场的厌倦与排斥，对清爽脱俗的田园生活的向往。而陶渊明的《桃花源记》可以说是古代劳动人民向往幸福生活的代表作。在这篇文章中，作者借武陵渔人进出桃花源作为时间线索，把“发现桃源—小住桃源—离开桃源—再寻桃源”的情节贯穿起来，通过对桃花源“土地平旷，屋舍俨然，有良田、美池、桑竹之属。阡陌交通，鸡犬相闻”②的美丽、整洁的乡村环境的描述，以及“黄发垂髫，并怡然自乐”“便要还家，设酒杀鸡作食”的和谐、淳朴、热情的人际关系的描述，表达了对平等自由、没有剥削压迫、自给自足、和平融洽的理想乡村社会的向往，也从另外一个角度向我们呈现了古人眼里的乡村景象。同样，在陶渊明的另外一篇文章《归园田居》里也有类似的实景描述和情感表达：“方宅十余亩，草屋八九间。榆柳荫后檐，桃李罗堂前。暧暧远人村，依依墟里烟。狗吠深巷中，鸡鸣桑树颠。户庭无尘杂，虚室有余闲。”③此外，宋代诗人陆游的《游山西村》、南宋诗人范成大的《四时田园杂兴》等诗词，都对乡村丰收、百姓安居乐业的情景进行了恰如其分的描述。

---

①〔晋〕陶渊明著；〔清〕陶澍，龚斌校注．陶渊明全集 [M]. 上海：上海古籍出版社，2015:74.

②〔晋〕陶渊明著；〔清〕陶澍，龚斌校注．陶渊明全集 [M]. 上海：上海古籍出版社，2015:144.

③〔晋〕陶渊明著；〔清〕陶澍，龚斌校注．陶渊明全集 [M]. 上海：上海古籍出版社，2015:26–27.

3. 古人对博大精深、丰富多彩的乡村文化的描述

乡村文化是我国几千年农耕实践的文化结晶，是乡民在不同历史阶段和条件下的生产生活实践中形成并发展起来的思想认识、情感心理、民俗习惯等，反映了乡村民众的行动章法、处世态度、价值追求以及社会认知，是乡民赖以生存的精神归属。乡村文化作为一种文化资源，是乡村社会的灵魂，是乡村建设重要的组成部分，在乡村治理中发挥着举足轻重的作用。我国自古就非常重视乡村文化传承，严格遵守乡村的民俗礼节、伦理道德、乡约村规，不敢随意更改与违背，否则就会被认为是“离经叛道”。值得一提的是，在现代社会中，我们对待传统乡村文化采取的是“扬弃”原则，即取其精华，去其糟粕。我国从20世纪80年代开始至今，在民间文化资源比较丰富、集中或某一艺术比较特色典型的地方建立民间艺术、民间文化基地，很多乡村被评为“中国民间文化艺术之乡”。比如，北京市古北口镇（传统文化庙会）、天津市天穆镇（曲艺）、河北省吴桥县（吴桥杂技）、山西省大阳镇（古镇民俗）、吉林省公吉乡（农民画）、浙江省宁海县（十里红妆婚俗）、福建省武夷山市（茶文化）、湖北省黄梅县（黄梅戏）、广东省梅县区（客家山歌）、广西壮族自治区南宁市武鸣区（壮族“三月三”民俗）等共183个县（市、区）、乡镇（街道）被评为2021—2023年度“中国民间文化艺术之乡”。这些都是几千年传承下来的文化精品，已经成为充实基层群众精神生活、推动中华传统乡村文化发展的重要品牌项目。此外，我国古代由于交通信息比较闭塞，加上赶考求学、战乱出征、履新赴任、出行游历，以及重血缘、乡土的社会心理等因素的影响，故乡就成了

人们魂牵梦绕的地方，乡愁文化也一直伴随着古人对乡村的眷恋与渴望。无论这些游子在何方，他们都有一种根在故土的浓厚的乡土情结。如杜甫的《月夜忆舍弟》中“月是故乡明”；柳永的《安公子·远岸收残雨》中“想乡关何处”；《汉乐府民歌·悲歌》中的“远望可以当归”；王维的《杂诗三首·其二》中“君自故乡来，应知故乡事”等，都体现了作者对故土、故友的思念，同时也表达了古人对稳定、安逸生活的向往和追求。

在中华优秀传统文化中，蕴含着丰富的廉洁文化和乡村建设文化。基于此，在当下推进清廉乡村建设的过程中，我们要坚定文化自信，发挥历史主动精神，积极从优秀传统文化中汲取营养，并努力推动这些文化资源与现代社会的需求相结合，实现创造性转化、创新性发展，从而使传统廉洁文化、乡村建设文化在新的时代背景下重新焕发时代价值。

四、理论借鉴：西方文化中的相关思想

在新时代中国共产党推进清廉乡村建设的过程中，加强与国外的交流以及国际合作，适当借鉴和汲取发达国家在这一领域的相关理论成果和建设经验，可以为我国的清廉乡村建设注入新活力、开拓新思路，确保乡村建设的公正、透明和廉洁。

（一）主权在民理论

近代意义上主权概念的最早提出者是法国政治思想家让·博丹，他在《国家六论》一书中首次系统论述了国家主权学说。主权理论形成后，后继者对其不断进行发展和丰富。其中，英国政治哲学家托马斯·霍布斯在其著作《利维坦，或教

会国家和市民国家的实质、形式和权力》中提出了绝对君主主权的主张，认为君主拥有不受限制的绝对权力，其权威凌驾于众人之上，就如《圣经》中所描述的“水族之王”利维坦，别人对他都是闻风丧胆。相对而言，荷兰哲学家斯宾诺莎的观点比较温和，没有霍布斯那样极端和绝对，他在《政治论》《神学政治论》等著作中提出了“政治的目的是自由”的观点，谴责君主专制，认为国家或者君主没有绝对的专制权威。英国哲学家约翰·洛克在其著作《政府论》中表达的政治观点则与霍布斯截然相反，他驳斥君权神授说和王位世袭论，认为在“自然状态”下，人类是完全自由、平等的，并从财产的视角对主权给予新的诠释。

然而，真正将主权赋予人民，并最先提出主权在民理论的是 18 世纪启蒙运动最卓越的代表人物之一——法国著名思想家卢梭。其著作《社会契约论》（又译《民约论》）中将“主权在民”的中心思想贯穿全书：“人是生而自由与平等的，国家只能是自由的人民自由协议的产物，如果自由被强力所剥夺，则被剥夺了自由的人民有革命的权利，可以用强力夺回自己的自由；国家的主权在人民，而最好的政体应该是民主共和国。”① 卢梭在谈论政府创建的问题时，提出：“人民便任命首领来负责管理已经确立的政府。”② 在谈论如何防止政府篡权的时候提出：“行政权力的受任者绝不是人民的主人，而只是人民

① [法] 卢梭 . 社会契约论 [M]. 何兆武译 . 北京 : 商务印书馆 ,2003:1.
② [法] 卢梭 . 社会契约论 [M]. 何兆武译 . 北京 : 商务印书馆 ,2003:126.

的官吏；只要人民愿意就可以委任他们，也可以撤换他们。”[①]这些都充分体现了“主权在民”的观点，“首领”是由人民任命决定的，政府要接受民众对它的监督，以避免职权滥用，只要人民愿意也可以撤换他们，从而保障人民的权利。

乡村是国家治理体系的神经末梢，村民委员会是村民选举产生的群众性自治组织，承载着重要的社会职能。“主权在民”理论对农村基层民主建设具有重要的启示作用。通过探索建立健全村级民主制度，能够更好地彰显和发挥村民自治的优势，同时也能够降低农村基层权力运行中的廉政风险。由此可见，深化农村基层民主建设是推进清廉乡村建设的重要抓手，合理运用“主权在民”理论指导清廉乡村建设也体现了“以人民为中心”的发展宗旨。

（二）需求层次理论

“需求层次理论”是美国颇具影响力的心理学家亚伯拉罕·马斯洛在其论文《人类激励理论》中提出的。该理论基于人本主义心理学，“以人类，而不是以任何低级的、并且可能是更简单的动物为出发点”[②]，努力去探索人性的全面性、丰富性与复杂性。马斯洛认为，在人类的价值谱系中存在两大类不同需求，其一，是沿生物谱系上升方向逐渐变弱的本能或冲动——低级需要；其二，是“一种较晚的种系的或进化发展的

① [法] 卢梭. 社会契约论 [M]. 何兆武译. 北京：商务印书馆，2003:127.
② [美] 亚伯拉罕·马斯洛. 动机与人格（第 3 版）[M]. 许金声等译. 北京：中国人民大学出版社，2012:39.

产物”[①]——高级需要。马斯洛的“需求层次理论”将人的需要由低级到高级分为五个层次，即生理需求—安全需求—社交需求—尊重需求—自我实现需求。前面三个属于低级需求，后面两个属于高级需求，这五个层级总体上是由低级向高级进阶，人们在部分或完全满足某种需求之后，会追求更高层级的需求。但是并不是固定、刻板的依次递进的层级，其进阶的过程也具有多样性，即需求层级中的例外。一个人的需求会随着周围环境和社会发展的变化而变化，可能同时存在多种需求，或者是跳跃某种或几种需求而追求更高的需求，但不管怎样，总会有一种作为主导的需求支配个人的行为。

党的十九大报告根据我国的实际情况，提出我国社会主要矛盾转化为人民日益增长的美好生活需要和不平衡不充分的发展之间的矛盾。基于“需求层次理论”的丰富内涵，“美好生活需要”就是我国人民在物质条件得到发展并且在一定程度上得到满足之后，对于民主法治、公平正义、安全稳定、生态环境等方面的需要进一步上升，这些都是更高层级的需求。马斯洛提出：“基本需要的满足有一些直接的先决条件，包括在无损于他人的前提下的言论自由、行动自由、表达自由、调查研究的自由、寻求信息的自由、防御自由以及集体中的正义、公平、诚实、秩序等。”[②]“高级需要的实现要求有更好的外部条件……需要有更好的环境条件（家庭、经济、政治、教育等

---

①［美］亚伯拉罕·马斯洛．动机与人格（第 3 版）[M]. 许金声等译．北京：中国人民大学出版社，2012:74.

②［美］亚伯拉罕·马斯洛．动机与人格（第 3 版）[M]. 许金声等译．北京：中国人民大学出版社，2012:30.

等)。”[①]清廉乡村建设是一项复杂的系统工程，其目标是要将清廉的思想、制度、文化融入贯穿乡村建设的各阶段和各方面，以此来打造干部清正、政治清明、社会清朗的清廉乡村。这不仅为国家实现高质量、高水平的乡村振兴提供了坚实的保障，同时也为我国广大乡村群众实现更高层级的需求提供了良好的外部环境。

（三）善治理论

“善治”在英文中为Good Governance，即良好的治理。“治理”的概念来自古典拉丁文或古希腊语单词，意为掌舵、导航，在英文中为Governance，有控制、操纵、引导的意思。长期以来，在使用习惯上，它与“统治”近义并交替使用，被广泛地运用于政治发展研究中，适用于国家的管理活动和政治活动，随着发展，该理论的运用突破政治领域而扩展到社会经济领域。“它在许多语境中大行其道，以至成为一个可以指涉任何事物或毫无意义的‘时髦词语’。”[②]詹姆斯·罗西瑙的《没有政府的治理》和《21世纪的治理》、罗伯特·罗茨的《新治理：没有政府的治理》、盖伊·彼得斯的《政府未来的治理模式》、格里·斯托克的《作为理论的治理：五个论点》等学者的著作和文章，从不同的角度对“治理”发表了各自的看法和观点。对于何为治理，比较权威和有代表性的观点是全球治理委员会下的定义，即治理是指公共或者私人机构管理其共同事

---

①［美］亚伯拉罕·马斯洛．动机与人格（第3版）[M]．许金声等译．北京：中国人民大学出版社，2012:75.

② 鲍勃·杰索普，漆燕．治理的兴起及其失败的风险：以经济发展为例[J]．国际社会科学杂志（中文版），2019,36（03）：52-67.

务的所有方式的总和；治理在本质上并非一种活动，更不是一套标准规则，而是一种过程；与控制的概念不同，治理过程的核心是协调；治理主体不仅囊括了公共部门还包括私人部门；同时，有别于正式制度，治理也是一种持续的互动。①

治理的目标是善治，善治理论是在治理理论的基础上发展而来的成果。20 世纪 90 年代之后，在经济全球化的大环境下，新的挑战、新的矛盾、新的问题对政府的管理提出了新要求，善治理论是为了回应治理失效而提出的新的治理方案、治理格局。它作为新型政府应对新的情况而构建起的新治理框架，因其独特的治理逻辑和美好的治理愿景，深受一些西方学者和国际组织的关注与认同。善治理论和我国古代所说的“善政”意思相近，内含统治者通过良好的统治实现国泰民安的治理格局之义。早期将善治理论引介到国内的是俞可平教授，他提出：“善治就是使公共利益最大化的社会管理过程。善治的本质特征就在于它是政府与公民对公共生活的合作管理，是政治国家与公民社会的一种新颖关系，是两者的最佳状态。”②他还提出善治包括十大基本要素，即“合法性、透明性、责任性、法治、回应、有效（或效率）、参与、稳定、廉洁、公正”③。燕继荣教授在《善治理论 3.0 版》中梳理、归纳了善治经历了以“政府治理”为核心，到以“社会治理”为核心，再到“公

---

① 全球治理委员会 . 我们的全球伙伴关系 [R]. 伦敦 : 牛津大学出版社 , 1995:23.

② 俞可平 . 治理和善治引论 [J]. 马克思主义与现实 ,1999(5):37-41.

③ 俞可平 . 走向善治：国家治理现代化的中国方案 [M]. 北京 : 中国文史出版社 ,2016:249.

共治理”或“协同治理”的迭代更替，并提出：“要实现善治，必须保持权力和权利的协调性，政府与社会的合作，让所有利益相关者共同参与、共管共治，以实现公共选择和公共博弈的有效性，政府与民间的互动性。”① 如今，善治的时代标签和现实价值更加凸显，善治理论在党和国家加快国家治理体系和治理能力现代化这一战略目标提出之后，被提高到一个全新的高度。善治理论是对政府权力范围局限的突破，强调国家权力向社会回归，在更大范围内调动社会参与的积极性，让所有利益相关者在公平、公开、平等、开放的原则下参与社会事务管理，使整个社会、国家达到最佳状态，它是一种国家、社会、个人的新型良性互动。

清廉乡村建设过程是各级党委政府部门、村“两委”班子以及村民等多元主体共同参与村级公共事务的过程，这一过程体现了基层治理体制的优化与升级。从更深层面来说，它旨在打造一种高效、公正、清明的农村治理模式。将善治理论应用到乡村基层治理实践中，能够有效地应对和解决建设清廉乡村过程中遇到的一系列问题。这些问题包括但不限于微权力使用边界、基层政务公开、基层民主建设、基层事务管理与决策等方面。善治理论的应用为这些问题的解决提供了有益的现实指导，有助于推动乡村治理体系和治理能力现代化，从而实现乡村振兴战略的长远目标。

（四）社会建设理论

在近代科学的诞生、文艺复兴以及启蒙运动的刺激下，理

---

① 燕继荣 . 善治理论 3.0 版 [J]. 人民论坛 ,2012(24):4.

性与神意、民主与专制、科学与迷信、自由与禁锢之间的冲突日益明显，彰显出传统性与现代性的对立。正是在这样的历史情境和精神状况之下，西方孕育和产生了建设现代性社会的需求，这也使真正的社会建设得以在市民社会和国家分离以后作为一种社会事业开始出现。建设具有现代性社会的目标就是围绕“秩序与进步”而展开，即追求均衡、稳定、和谐。西方国家，尤其是发达国家在现代性社会建设实践的基础上不断地积累经验，逐步形成了西方社会建设理论。

西方发达国家的社会建设理论大体经历了产生、发展、反思三个阶段。第一阶段是19世纪中期的萌芽产生阶段。在西方社会冲突与社会矛盾加剧的背景下，追求经济秩序和政治秩序的均衡与和谐，成了当时社会建设的主要目标。这一阶段的社会建设理论主要有两类：一类是社会秩序理论，包括奥古斯特·孔德的社会秩序原则、埃米尔·杜尔凯姆的社会团结理论；另一类是社会改良理论，包括赫伯特·斯宾塞的社会达尔文主义、霍布森的社会福利思想。第二阶段是20世纪30年代的快速发展阶段。1929年，美国历史上最大的经济危机爆发，让失业和贫困的工人阶级得到应有的社会保障，成为这一阶段社会建设的原则和目标。为此，社会建设理论迎来了发展的黄金时机，主要代表理论是福利国家理论和福利社会主义理论。其基本观点认为，政府应该通过在文化教育、医疗卫生、就业养老等方面开展各种社会福利事业，构建完善、全面的社会保障体系，来弥补市场经济发展带来的经济危机、失业、贫困、不公平等缺陷，以此保障公民的基本公共权益。第三阶段是20世纪80年代的反思阶段。1973年开始的“福利国家危机”和新兴工业国家发展带来的国际竞争压力，引起了新自由主义者对福利国家的立论基础——“分配正义”理论进行批判，抨击它只是一种“社会正义的幻象”，认为应建立自发的社会秩序。社会建设理论对社会存在的客观现实进行了反思与调整，出现了重视教育、就业培训、科技与知识投入的“社会投资型国家”理论和“第三条道路”理论。

西方社会建设理论除了上述所谈及的理论，还包括社会整合理论、社会冲突理论、风险社会理论、社会公正理论等。从社会建设理论的发展过程中，我们可以透过各具体理论看到其内在的理论逻辑：社会建设理论逐步摆脱对物的关注而转向对人的重视，更进一步说是在追求“秩序与进步”的现代性社会的过程中，更注重人的发展，注重人有意义的发展。概而言之，社会建设理论没有走向终结，而是在不断地总结市场经济条件下社会建设的规律，思考如何更好地解释社会、观照现实、关注人类未来走向，它在不断的自我反思、自我批判中实现理论的自我完善。

乡村是社会的重要有机部分，其建设和发展不仅关乎乡村地区的繁荣与进步，更是整个社会建设宏伟蓝图中的重要一环。因此，深入考察和分析西方社会建设理论中所蕴含的成功经验和存在的问题，可以加深我们对社会建设内在规律的认识和把握，借鉴其积极成果和宝贵经验，为我国加强清廉乡村建设、推动社会文明进步提供有力的理论支持和实践指导。

第三章　中国共产党成立以来清廉乡村建设的发展历程

中国共产党在过去的百年岁月中，始终将自己的命运同广大劳动人民和农村紧密地联系在一起，在这个过程中对乡村建设一直都有着深入思考。中国共产党人在不同的历史时期，始终把马克思主义作为指导思想，针对革命、建设、改革和发展面临的不同主题任务和背景条件，对于乡村建设和发展存在的诸多问题及解决办法形成了独到的见解，并制定了一系列战略路线、方针政策。此外，中国共产党也在实践中进行落实和推广，形成了一整套丰富的乡村建设思想与实践。下文通过分阶段梳理中国共产党成立以来的乡村建设历程，为更好地理解、把握当下清廉乡村建设提供历史逻辑依据。

一、新民主主义革命时期：清廉乡村建设在农村革命根据地局部萌芽

在民国时期，对于如何建设乡村，已经出现了地方自治与乡村自救的“翟城试验”，以及由此直接引发由中华平民教育促进会推动的“定县试验”、梁漱溟用儒家理念拯救中国农村

的“邹平试验”、嘉陵江三峡乡村建设试验等尝试和探索。但是由于开展这些尝试的本地良绅、知识分子受学识、能力以及客观社会历史环境的限制，并没有使乡村得到实质性的发展。

中国共产党领导的新民主主义革命的主要任务是反对帝国主义、封建主义、官僚资本主义，争取民族独立、人民解放。为实现中华民族伟大复兴创造根本社会条件。因此，作为工人阶级先锋队的中国共产党在成立之后，致力于组织和领导工人运动，但是也在革命过程中逐步意识到农民、学生、士兵等群体的重要性，强调要把“工农劳动者和士兵组织起来”[①]。1922年7月通过的《中国共产党第二次全国代表大会宣言》对中国的资产阶级、农民、手工业者、小店主、小雇主的状况，尤其是经济状况进行了分析，并提出：“中国三万万的农民，乃是革命运动中的最大要素。”[②]1923年京汉铁路工人大罢工的失败，使想取得革命胜利必须团结和联合广大农民群众的思想得到了进一步的加深和巩固。毛泽东同志对中国社会各阶级作出分析后，指出农民阶级极具革命性，认为“工业无产阶级是我们革命的领导力量。一切半无产阶级、小资产阶级，是我们最接近的朋友”[③]。而农民阶级“这个贫农大群众，合共占乡村人口百分之七十，乃是农民协会的中坚，打倒封建势力的先锋，成就那多年未曾成就的革命大业的元勋。没有贫农阶级，决不

① 中共中央文献研究室，中央档案馆．建党以来重要文献选编（1921—1949）（第1册）[M]．北京：中央文献出版社，2011:1.

② 中共中央文献研究室，中央档案馆．建党以来重要文献选编（1921—1949）（第1册）[M]．北京：中央文献出版社，2011:131.

③ 毛泽东．毛泽东选集（第1卷）[M]．北京：人民出版社，1991:9.

能造成现时乡村的革命状态，决不能打倒土豪劣绅，完成民主革命”[①]。这些论述和观点表明，党在早期的革命活动中，已经能够运用马克思主义的阶级分析法分析我国的农村社会，分清楚谁是敌人、谁是朋友，为赢得革命的胜利奠定了阶级基础。

中国共产党主要创始人之一的李大钊较早关注和重视农民及农民运动。在五四运动爆发之前，李大钊在《青年与农村》这篇文章中就提出过让知识分子到农村去的观点。在中国共产党成立之后，他组织党员深入农村基层，筹建农民协会，发展党组织，并直接指导了抗捐抗税的斗争。1922 年 7 月，被毛泽东同志称为“农民运动大王”、中国农民运动领袖的彭湃，在广东省海丰县成立了第一个秘密农会，到 1923 年 5 月，会员达到 20 多万人。从 1924 年 7 月起，毛泽东、彭湃等同志在广州先后主持六届农民运动讲习所，为各地培养了大量农民运动骨干。

“中国革命的根本问题是农民问题，而农民问题本质上是一个土地问题；要在边界地区建立红色政权……没有广大农民的支持是不能成功的；而要获得广大农民的支持，就必须满足农民对土地的要求。”[②] 正如毛泽东同志所说：“如果我们能够普遍地彻底地解决土地问题，我们就获得了足以战胜一切敌人的最基本的条件。”[③] 为调动农民参加革命运动的热情，实现“耕者有其田”的目标，党根据革命形势的变化不断地调整着土

① 毛泽东 . 毛泽东选集（第 1 卷）[M]. 北京：人民出版社 ,1991:21.
② 张泰城 , 刘家桂 . 井冈山革命根据地经济建设史 [M]. 南昌：江西人民出版社 ,2007:44.
③ 毛泽东 . 毛泽东选集（第 4 卷）[M]. 北京：人民出版社 ,1991:1252.

地政策：土地革命时期，喊出“打土豪，分田地”的口号，从《井冈山土地法》提出的“没收一切土地归苏维埃政府所有”到《兴国土地法》提出的“没收一切公共土地及地主阶级土地”，而为了确保在分田过程中的公平合理性，各县、区、乡专门成立土地委员会；抗日战争时期，为了调动一切力量抵抗敌人，在土地政策上停止原来没收地主阶级土地的做法，实行减租减息政策，开展大生产运动；解放战争时期，土地政策转变为没收地主土地，把土地分配给农民，废除封建剥削的土地制度，实行“耕者有其田”的土地制度。

随着党以“解决土地问题”为核心的根据地建设思想不断深入，指导着乡村建设实践不断向前推进。譬如，通过在农村组建农会、农协、农救会、贫农团、妇救会、儿童团、扎工队及党支部等基层组织，以此筑牢乡村政权的组织基础。这些基层组织通过宣传动员农民参与民主选举，反映民众愿望，唤醒民众的政治热情；通过在农村开办农民的学校、刊物、识字班、读报小组等，提升农民的认知水平以及革新其保守思想；通过从群众中选出参议员，以及直接控告诉状的方式，对乡政府及在职干部进行公开评议和监督，以约束乡村干部行为，增强乡村治理的透明度；通过建设模范村庄进行乡村建设试验，为今后的乡村建设工作奠定了良好的基础；等等。从以上党的一系列针对农村、农民进行的实践活动来看，这一阶段党的乡村建设的探索与建党之前由乡绅、知识分子等主导的“乡村建设运动”和在国民党政权下实施的“农村复兴运动”都不尽相同。它是围绕着如何推动新民主主义革命胜利而展开的“乡村革命运动”，主要是把“解决土地问题”作为核心任务，通过组织农民协会、领导农民运动、开展土地革命、建立农民政权等形式践行。

综上所述，在新民主主义革命时期，中国共产党的乡村革命和建设范围集中在根据地和解放区，在与武装斗争、政治斗争的结合过程中进行，服务于当时各阶段革命与战争的实际需要。尽管在这个时期，并没有提出乡村的清廉建设，但是在破除旧社会、旧政权传统下乡村建设的一些具体措施中，我们已经能够窥见未来清廉乡村建设的雏形。

二、社会主义革命和建设时期：清廉乡村建设在全国范围内初步探索

中华人民共和国成立之后，进入社会主义革命和建设时期。伴随着中国共产党的身份地位的转变和社会主要矛盾的转变，其承担的任务和工作重心也随之发生变化，由之前的新民主主义革命向社会主义革命和建设转化，其中，乡村建设是重中之重。

（一）土地改革阶段

在中华人民共和国成立之初，我国人口中的90%都居住在乡村而非城市。很多的历史问题还没有得到彻底解决，如匪患、边界、国防、经济恢复、解放尚未解放的地区等。在这样的社会背景下，乡村建设的主要问题依旧是土地问题——如何从根本上消灭旧的土地所有制，实现土地由封建地主所有向农民土地所有的转变。因为在封建土地所有制下，主要的生产资料都集中在地主、富农手中，贫农、雇农、中农等人员数量占比大的群体拥有的生产资料却非常少，这样的生产关系严重束

缚了生产力发展，“这就是我们民族被侵略、被压迫、穷困及落后的根源……这种情况如果不加改变，中国人民革命的胜利就不能巩固，农村生产力就不能解放，新中国的工业化就没有实现的可能，人民就不能得到革命胜利的基本的果实”①。所以，中华人民共和国成立之后，要想在乡村经济发展上取得突破，就必须在全国范围内重构农村利益格局，必须对生产资料所有制，尤其是土地进行革新。

为此，1949 年 9 月 29 日，在中国人民政治协商会议第一届全体会议上通过的《中国人民政治协商会议共同纲领》第一章“总纲”部分第三条中明确规定，要“有步骤地将封建半封建的土地所有制改变为农民的土地所有制”②。第四章“经济政策”部分第二十七条规定：“凡已实行土地改革的地区，必须保护农民已得土地的所有权。凡尚未实行土地改革的地区，必须发动农民群众，建立农民团体，经过清除土匪恶霸、减租减息和分配土地等项步骤，实现耕者有其田。”③为了实现广大人民群众的利益诉求，让少地、无地的农民在生产资料上翻身做主人，新的人民政府和领导集体对土地制度进行了全新的制定与安排。期间，党的领导人做了一系列的相关工作，最终在 1950 年 6 月 28 日，具有划时代意义的《中华人民共和国土地改革法》(以下简称《土地改革法》）得以通过。这部土改法以

① 中共中央文献研究室 . 建国以来重要文献选编（第 1 册）[M]. 北京 : 中央文献出版社 ,1992:291.

② 中共中央文献研究室 . 建国以来重要文献选编（第 1 册）[M]. 北京 : 中央文献出版社 ,1992:2.

③ 中共中央文献研究室 . 建国以来重要文献选编（第 1 册）[M]. 北京 : 中央文献出版社 ,1992:7.

“废除地主阶级封建剥削的土地所有制，实行农民的土地所有制，借以解放农村生产力，发展农业生产，为新中国的工业化开辟道路”[①]作为总则和基调，就土地的没收、征收、分配、特殊土地的处理等问题进行了详细的规定。《土地改革法》颁布之后，在党和国家的领导和组织下，各地开展了轰轰烈烈的土地改革运动。农民得到了土地之后，其经济地位和社会地位都得到了提高，同时也增强了他们的民主意识，激发了他们的政治参与热情，为他们能够拥护和融入新生的人民政权筑牢了经济基础。

伴随着农村土地关系的变革，乡村基层的社会权力结构也开始进行调整与重建。1950 年 1 月，政务院（1954 年改为国务院）颁布了两个通则，即《乡（行政村）人民代表会议组织通则》和《乡（行政村）人民政府组织通则》，使得乡（村）人民代表大会制度在城乡基层得到广泛建立，并规定要定期组织召开人民代表大会。1954 年，《中华人民共和国宪法》和《中华人民共和国地方各级人民代表大会和地方各级人民委员会组织法》的颁布和实施，使乡镇政权在乡村的地位得到了法律的认可，乡镇一级政权的建立加强了党对乡村基层的管理。乡村基层组织——党支部、共青团、合作社、农会、妇女会等，像雨后春笋般在中华人民共和国的各个角落得以成立，结束了旧中国“王权止于县政”的历史传统，变革了宗族、乡绅治理乡村的旧秩序和封建习俗，重塑了党和国家与农村、农民

① 中共中央文献研究室 . 建国以来重要文献选编（第 1 册）[M]. 北京：中央文献出版社 ,1992:336.

的经济、政治、社会关系，农村的阶级、阶层结构得到调整，农村生产、生活秩序趋于稳定，使新生政权的社会基础广泛形成。

（二）农业合作化阶段

1952 年年底土地改革完成之后，农村个体经济体制得以建立。广大贫困农民拥有了生产资料，尤其是土地，这就极大地调动了个体劳动的积极性。但是，乡村建设还没有达到质的飞跃，在实际的生产过程中，由于生产力的落后、生产资料的匮乏和自然灾害等问题，分散的、孤立的个体农民开始有了“组织起来”的诉求。鉴于此，为了服务当时党在过渡时期“一化三改”路线的需要，同时也是为了克服小农经济的局限，党通过广泛地教育、引导和动员农民，激发他们劳动互助合作的积极性，在自愿、互利原则基础上推广集体经济，对农业进行社会主义改造，努力实现包括农村土地在内的生产资料由“个体私有”向“集体共有”的转变，这成了这一阶段乡村建设的主要内容与建设目标，乡村建设由此进入集体化阶段。

1951 年 12 月，中共中央印发《关于农业生产互助合作的决议（草案）》（以下简称《决议》）的通知，让已经完成土地改革的地区试行，该草案在经过一年多的实践，证明其可行和正确之后，就在 1953 年 2 月将“草案”二字删去，作为正式决议实施。《决议》提出了三种互助合作的形式，分别是季节性的简单互助组、常年互助组以及农业生产合作社。在农村的互助合作化过程中，农民越发感受到集体劳动、共同生产的优势。由于各地发展的不平衡性和复杂性，这三种互助合作的形式并不是“公式主义”，不分具体条件和情况，而是存在着不同的相互交错形式，但是最终的目标都是在农村经济中培育和注入更多的社会主义因子，从而实现对农业的社会主义改造。

党和国家运用行政权力推动了农村合作化运动，在家族、家庭的社会功能、生产功能被弱化、淡化的过程中，构建村社合一、政社合一的乡村发展模式。该阶段乡村建设的成效是显著的，根据《中国农村统计年鉴 2018》显示："农林牧渔业总产值从 1952 年的 417 亿元增加到 1957 年的 536.7 亿元，其中，农业产值由 1952 年的 364.9 亿元增加到 1957 年的 455.5 亿元。"①

（三）人民公社阶段

在经历过人民农业合作化运动之后，广大农村焕发出新的活力与生机。在之后的几年里，乡村建设的主题围绕着建立、巩固和发展人民公社而展开。伴随着 1957 年下半年在全国范围掀起的改善农村基础设施、农田水利建设运动，各地普遍出现了不同管辖地区之间的协作与小公社合并大公社的现象，这种跨辖区协作和合并大公社反过来对农田水利建设和农业发展起到推动作用。毛泽东同志就曾多次强调："农业没有人民公社不行，搞水利、搞机械化，几十户、一百户的高级社就不适应。"② 为了巩固这种建设与发展的效果，中共中央在 1958 年 3 月召开的成都会议上通过《关于把小型的农业合作社适当地合并为大社的意见》，这份文件中提出："我国农业正在迅速地

---

① 国家统计局农村社会经济调查司．中国农村统计年鉴 2018[M]. 北京：中国统计出版社，2019:111.

② 顾龙生．毛泽东经济年谱 [M]. 北京：中共中央党校出版社，1993:491.

实现农田水利化，并将在几年内逐步实现耕作机械化，在这种情况下，农业生产合作社如果规模过小，在生产的组织和发展方面势将发生许多不便。”[①]所以，为适应农业的发展，在条件允许的地方，鼓励建立大规模的公社。1958 年 4 月，被称为“东方第一社”的嵖岈山卫星人民公社挂牌成立，这也是我国第一个人民公社。1958 年 8 月，《中共中央关于在农村建立人民公社问题的决议》中提出：“人民公社是形势发展的必然趋势……几十户、几百户的单一的农业生产合作社已不能适应形势发展的要求。在目前形势下，建立农林牧副渔全面发展、工农商学兵互相结合的人民公社，是指导农民加速社会主义建设，提前建成社会主义并逐步过渡到共产主义所必须采取的基本方针。”[②]此文件一下发，便在全国开启建设人民公社的热潮，就像 1958 年 12 月《关于人民公社若干问题的决议》中所描述：“一九五八年，一种新的社会组织像初升的太阳一样，在亚洲东部的广阔的地平线上出现了，这就是我国农村中的大规模的、工农商学兵相结合的、政社合一的人民公社。”[③]人民公社化运动在党的领导下如火如荼地全面开展。对比 1949 年到 1957 年有序推进的乡村建设与治理，这一阶段显得急于求成。人民公社时期的乡村建设和治理的主要特点是：在组织形式方面，表现为“工农商学兵，五位一体”的“政社合一”；在所

① 中共中央文献研究室 . 建国以来重要文献选编（第 11 册）[M]. 北京：中央文献出版社 ,1995:209.

② 中共中央文献研究室 . 建国以来重要文献选编（第 11 册）[M]. 北京：中央文献出版社 ,1995:446-447.

③ 中共中央文献研究室 . 建国以来重要文献选编（第 11 册）[M]. 北京：中央文献出版社 ,1995:598.

有制方面，开始出现由集体所有制向全民所有制转变的趋势；在分配制度方面，以供给制为主，工资制为辅；在管理体制方面，实行“三级所有、队为基础”；在劳动生产方面，表现出集体化、军事化的特征，使得治理带有明显的强制性。

人民公社从1958年开始建立到1983年10月被废除。中共中央、国务院下发《关于实行政社分开，建立乡政府的通知》，要求在农村基层建立乡政府代替人民公社的职能，在1984年年底完成对人民公社体制的改造，历时二十六年的人民公社制度成为历史。人民公社的建立和发展，使乡村社会在人力、物力、财力等方面得到了前所未有的动员与整合，在农田水利建设、农村机械化、支持工业建设等方面取得不错的成绩，同时也强化了党对乡村社会的一元化领导，巩固了农村基层政权。但是，这种纯粹从国家层面出发设计出来，希望构建一个与旧秩序毫无瓜葛的新社会的宏伟蓝图，注定难以达到预期的目标。因为“被设计或规划出来的社会秩序一定是简单的图解，它们经常会忽略真实的和活生生的社会秩序的基本特征……任何生产过程都依赖于许多非正式的和随机的活动，而这些活动不可能被正式设计在规划中。仅仅严格地服从制度而没有非正式和随机的活动，生产可能在事实上已经被迫停止”①。

综上所述，在我国社会主义革命和建设时期，乡村建设经过了中华人民共和国成立初的土地改革、农业合作化运动以及

①［美］詹姆斯·C. 斯科特 . 国家的视角：那些试图改善人类状况的项目是如何失败的 [M]. 王晓毅译 . 北京：社会科学文献出版社 ,2019:6-7.

人民公社化运动三个主要阶段，其核心目标在于探索适合我国需求的农村社会主义发展道路。然而，由于新生政权的巩固与发展需求，我国采取了社会主义建设和改造同时并举的路线，而这一路线的实施，依赖于农业与农村提供必要的支持。为此，这一时期的乡村建设为迅速发展工业化、城镇化积累资本，在计划经济体制下，构建起以集体化为依托，“政社合一”的乡村治理模式。在该治理框架下，农民的生产和生活都被纳入计划经济体系之中，国家权力延伸到乡村基层的每一户、每一人，在客观上能够稳定基层政权，同时推动乡村社会经济的有序发展。但是，由于该模式带有浓厚的行政化和强制性特征，一系列的问题随之出现。譬如，党、政、社三合一的结构，使人民公社在开展工作时容易顾此失彼，难以同时兼顾党政工作与经济工作；行政手段过度干预农业生产，限制了农民的自主权，进而使农民的生产积极性降低；基层权力集中在社队干部手中，缺乏有效监督，易出现官僚风气和脱离群众的现象，使乡村民主政治难以推行。这些问题的存在，已经蕴含着建设清廉乡村的内在需求与必然趋势。

三、改革开放和社会主义现代化建设新时期：清廉乡村建设在历史转折中走深走实

古人云，穷则变，变则通，革故鼎新是中华民族砥砺前行的重要力量和不竭动力。长达二十多年的人民公社制度造成了乡村的贫困局面。在改革开放的大势之下，该如何破解乡村建设与发展的困局？面对如此紧迫的现实课题，乡村改革是广大农民的迫切要求，调整束缚乡村生产力发展的生产关系势在必行。

（一）改革探索阶段

“经济不会长期听任政治的摆布，经济演变的逻辑或迟或早会冲破政治的樊篱而表现出它的不以个人意志为转移的特征；社会不会长期听凭与之不相适应的制度的控制，它或迟或早会迫使制度朝着更适合于它的发展的方向变革。”[①]乡村建设要想实现破茧重生的蜕变，重点是要变革农业生产体制和经营体制，具体而言就是废除人民公社制度，改变“政社合一”（实质是党、政、社合一）的组织架构，实行政社分开，推行家庭联产承包的生产责任制和统分结合的经营体制。

早在20世纪50年代和60年代初期，在我国农村的某些地方就已经有过包产到户的尝试，虽然，这一尝试很快被遏制住，但符合人民利益和生产力发展的包产到户并没有因此而失去生命力，反而像烧不尽的野草，在春风的吹拂之下，变得更加强劲有力。1978年冬，安徽省凤阳县小岗村的“大包干”率先迈出了农村改革的第一步，并以不可阻挡之势蔓延开来。在安徽、四川等地“包产到户、包干到户”大规模的实践推动下，中央的政策开始发生变化。1978年12月，党的十一届三中全会原则通过的农业文件《农村人民公社工作条例（试行草案）》明确指出，“不许包产到户”。1979年9月，在党的十一届四中全会上修改通过的《中共中央关于加快农业发展若干问题的决定》（以下简称《决定》）中，关于包产到户的态度，由“不许”改为“不要”，在措辞和语气上有所缓和，政策有所松

① 张乐天．告别理想：人民公社制度研究[M].上海：上海人民出版社，2016:339.

动。《决定》提出："除某些副业生产的特殊需要和边远山区、交通不便的单家独户外，也不要包产到户。"[①]从中可以看出，对于某些特殊情况可以包产到户，这其实是撕开了包产到户的一条小小的缝隙，为后面包产到户的大潮奠定了基础。1980年，中共中央印发的75号文件肯定了包产到户是解决贫困地区温饱问题的好办法、好途径，认可了它对改变农村贫困局面的必要性，有条件地开放了包产到户。1980年9月，中共中央在各省、市、自治区党委第一书记座谈会纪要《关于进一步加强和完善农业生产责任制的几个问题》中指出："群众对集体丧失信心，因而要求包产到户的，应当支持群众的要求，可以包产到户，也可以包干到户，并在一个较长的时间内保持稳定。"[②]1982年1月1日，作为中国共产党历史上第一个关于农村工作的"一号文件"《全国农村工作会议纪要》出台，充分肯定了党的十一届三中全会以来党在农村的各项基本政策。"大包干"得到了中央的明确肯定，将家庭联产承包责任制合法化，指出包产到户、包干到户等"都是社会主义集体经济的生产责任制"[③]，是建立在土地公有的基础上，与以前的个体经济是有区别的。1982年9月，党的十二大报告充分地肯定了农业生产责任制改革，报告指出："近几年在农村建立的多种形式的生产责任制，进一步解放了生产力，必须长期坚持下去，只

① 中共中央文献研究室．三中全会以来重要文献选编（上）[M]．北京：人民出版社，1982:185.

② 中共中央文献研究室．三中全会以来重要文献选编（上）[M]．北京：人民出版社，1982:547.

③ 中共中央文献研究室．三中全会以来重要文献选编（下）[M]．北京：人民出版社，1982:1064.

能在总结群众实践经验的基础上逐步加以完善，决不能违背群众的意愿轻率变动，更不能走回头路。”[①]1983年的中央一号文件《当前农村经济政策的若干问题》高度评价了家庭联产承包责任制，明确将“生产责任制”（尤其是“联产承包制”）和“政社分设”作为改革人民公社的两大方面，文件提出：“稳定和完善农村生产责任制，仍然是当前农村工作的主要任务。”[②]在随后三年的一号文件，即《中共中央关于一九八四年农村工作的通知》《中共中央、国务院关于进一步活跃农村经济的十项政策》《中共中央、国务院关于一九八六年农村工作的部署》，均围绕着调动农民生产积极性和大力发展农业生产力这一主题，对农民承包土地年限、农村市场机制建设、多种经营、农产品多渠道销售、农村金融信贷等具体问题作出了明确的规定和安排。从1982年到1986年，连续五年的中央一号文件是在深入调研的基础上，结合农民的意愿和已经开展的实践中制定和完善的，以引导广大农民不断拓宽、加深改革的广度和深度。对家庭联产承包责任制由“不许”“不要”到“有条件允许”再到“完全放开”的过程，其实也是人民公社制度瓦解的过程，这个过程不是简单地原地兜圈子，而是对我国农村经济体制进行螺旋式上升的自我改革与完善。

农村的改革是经济体制改革和政治体制改革相统一的改革。经济基础决定上层建筑，农村经济体制发生变化，必然需

---

① 中共中央文献研究室.十二大以来重要文献选编（上）[M].北京：人民出版社,1986:21.

② 中共中央文献研究室.十二大以来重要文献选编（上）[M].北京：人民出版社,1986:256.

要能与之适应的农村政治体制。人民公社制度解体之后农村该怎么管理？原有的农民利益格局被打破之后的社会激烈动荡该如何平息？被压抑已久而释放出来的农民的主体性、自主权、选择权该如何保障和发挥？这一系列问题归结起来，就是国家权力和行政组织从乡村撤出之后，分散的农民该如何再组织化、再制度化。面对这些问题，广西宜山（现宜州区）、罗城一带的农民迫切需要一个稳定和谐的社会秩序开展生产，他们尝试用自己的方式去获得新生活，以敢为人先的首创精神建立了新的村级管理组织形式，即村民委员会，施行新的农村基层群众自治机制，即村民自治。随着对这些农村地区实践经验的总结推广，广大农村逐步形成了以村民委员会为组织形式的村民自治，为基层治理提供了新的思路和方向。1982 年 8 月，中共中央第 36 号文件指出，建立村民委员会的经验是成功的，要求各地有计划地建立村民委员会试点。1982 年底，第五届全国人民代表大会第五次会议将村民委员会正式写入了新修订的《中华人民共和国宪法》，明确了村民委员会的地位和性质，将它定位为基层群众性自治组织。1983 年 10 月，由中共中央、国务院印发的《关于实行政社分开，建立乡政府的通知》中，对村民委员会的成员选拔、组织架构、工作职责、组织条例等进行了具体的布置与安排。1984 年底，全国范围内普遍完成了政社分开工作。1987 年 11 月，由第六届全国人民代表大会常务委员会第二十三次会议通过，并于 1988 年 6 月 1 日起试行的《中华人民共和国村民委员会组织法（试行）》，为农村村民能够实行自治提供了法律依据和法律保障，明确了村民委员会负责乡村公共事务处理、乡村社会治安、协调村民利益关系等方面的工作，预示着我国乡村建设正式进入一个全新阶段。在这个过程中，全国各地都在尝试探索村民自治的方式、单元、范围、流程、机制等，尤其在选拔村委会成员时，“海选”成了最受民众欢迎的形式。经过十余年的民主实践，村民自治制度不断得到补充和完善。1998 年，我国修订并正式实行《中华人民共和国村民委员会组织法》，进一步凸显了村民自治的民主特质。

对比改革开放前的几个阶段，农村的发展和建设受到一级一级的行政命令的制约，农村基层的管理和运转缺乏自主权、灵活性和创新性，“自我管理、自我教育、自我服务、自我监督”的村民自治制度，让农村基层的自主性增强，激发了农民的智慧与活力，村民自治在农民的参与之下越来越成为独具中国韵味的乡村治理方式。通过对农村从经济基础到上层建筑系统的改革探索，被压抑已久的农民的生产积极性迸发出来，农村生产力得到了巨大的释放，农业生产取得了很大成绩。从 1979 到 1984 年，“我国农业的增产持续了六年，在 1984 年达到高峰。粮棉的绝对产量均为世界第一，人均占有量也达到世界平均水平”[①]。20 世纪 80 年代中期，为了缓解农村人地关系高度紧张、城乡二元经济结构矛盾和解决农民增收致富问题，国家开始鼓励农民从事农业生产以外的经济活动，包括允许农民进城镇务工、经商、办企业等。从此，农村经济改革在家庭联产承包责任制的建立和普及之后，进入乡镇企业迅速发展的

① 李克强. 关于当前我国农业问题的分析与思考 [J]. 社会科学家 ,1990(02):82-87.

阶段。

简而言之，这一阶段在农村最大的改革亮点就是实行了家庭联产承包责任制、兴办乡镇企业、设立村民委员会实行村民自治。这一系列的改革使农村的生产力得到释放并实现快速的发展，显示出巨大的潜力与活力。但是，在 20 世纪 80 年代中后期，随着国家的发展重心和改革侧重点由农村转向城市，农村改革的步伐日渐变慢。比如，家庭联产承包责任制带来的生产积极性释放殆尽；个体农户与大市场的冲突日益凸显；乡镇企业的机制效应慢慢消失，农村工业化由热变冷；农民增收困难，城乡差距越来越大；等等。而在“乡政村治”的治理框架下，新挑战、新问题、新摩擦也开始出现。比如，有的村民自治因过度“自治”而开始挑衅法律底线和乡镇政权；有的村民自治则在实践中出现形式主义倾向，失去实际的自治能力，沦为乡镇政府的附庸机构。这将弱化村民自治对乡镇政权的监督，同时也难以维护村民合法权益。这就要求党和国家以及广大乡村人民在如何建设与发展乡村的问题上持续进行探索。

（二）社会主义新农村建设阶段

面对 20 世纪 90 年代之后凸显的“三农”问题，如农业基础设施薄弱、农村“空巢化”、城乡差距拉大、农村社会事业发展滞后、土地撂荒严重、农民税费负担重、基层干群关系紧张等，乡村的建设需要与时俱进，探索新思路、新举措。如何处理好“三农”问题成为乡村建设中最核心的问题。

对此，新乡村建设的呼声和行动在民间自发地涌现出来。新乡村建设是“工业化加速时期为了缓解城乡对立和农村衰败、进而危及国家的可持续发展而进行的、以知识分子和青年学生为先导的、社会各个阶层自觉参与的、与基层农民及乡土文化结合的、实践性的改良试验；也包括在理论研究层面和国际交流等方面的相关工作”[①]。新乡村建设运动的开展表现在学术研究和实验形态上，主要是围绕着农民社区人才培养、建立农民的组织化试验基地、创建为农民服务的网络媒体、建立农民工技能培训机构等开展。这些探索为解决“三农”困境提供了宝贵的经验。

民间开展的新乡村建设运动，对本身就重视“三农”问题的党和政府有了进一步的推动作用。在党的领导之下，社会主义新农村建设如火如荼地开展。在此，有必要对何为“新农村”进行阐释。新农村建设并不是一个新概念、新提法，中国共产党成为全国执政党之后便提出了“建设社会主义新农村”任务。这里的“新农村”是相对于中华人民共和国成立之前的“旧农村”提出的，而“社会主义”是相对于中华人民共和国成立之前的社会性质——半殖民地半封建社会提出来的。在改革开放初期，再次提出要“建设社会主义新农村”是与改革开放之前的“新农村”有所区别的。对于“新农村”的内涵，在不同的发展阶段具有不同的意蕴。

以邓小平同志为核心的党的第二代中央领导集体赋予了“建设社会主义新农村”全新的内涵，使其成了具有明确内涵的国家战略。在2002年以“全面建设小康社会，开创中国特色社会主义事业新局面”为题的党的十六大报告中，党中央

---

① 温铁军.中国新乡村建设问答[EB/OL].经济50人论坛.(2005-10-08)[2025-01-09].http://www.50forum.org.cn/home/article/detail/id/2117.html.

明确了全面建设小康社会的宏伟目标，要突破“低水平、不全面、不平衡”的总体小康的阶段和局面，最艰巨、最关键、最繁重的任务就是在农村。因此，党的十六大报告明确将“统筹城乡经济社会发展，建设现代农业，发展农村经济，增加农民收入”①作为全面建设小康社会的重大任务，提出要“加大对农业的投入和支持，加快农业科技进步和农村基础设施建设”②。为贯彻落实党的十六大精神，胡锦涛同志在2003年开年的中央农村工作会议上，强调要“把解决好农业、农村和农民问题作为全党工作的重中之重”③。紧接着就发布了《中共中央、国务院关于做好农业和农村工作的意见》，对具体工作进行了部署。从2003年开始，党和国家在农村基础设施建设方面加大了投入力度，同时在全国各地进行试点、推广农村税费改革以减轻农民负担。2004年中央一号文件《中共中央 国务院关于促进农民增加收入若干政策的意见》，是继1986年中央一号文件之后，再次在一号文件中重点关注“三农”问题。2005年10月，党的十六届五中全会通过《中共中央关于制定国民经济和社会发展第十一个五年规划的建议》，明确提出：“建设社会主义新农村是我国现代化进程中的重大历史任务。要按照生产发展、生活宽裕、乡风文明、村容整洁、管理民主的要求，坚持从各地实际出发，尊重农民意愿，扎实稳步推进新农村建

---

① 中共中央文献研究室．十六大以来重要文献选编（上）[M]. 北京：中央文献出版社,2005:17.

② 中共中央文献研究室．十六大以来重要文献选编（上）[M]. 北京：中央文献出版社,2005:18.

③ 中共中央文献研究室．十六大以来重要文献选编（上）[M]. 北京：中央文献出版社,2005:112.

设。”[①]这段话明确了“建设社会主义新农村”在我国现代化进程中的地位，新农村建设方针也诠释了“社会主义新农村”的时代内涵。紧接着，2006年中央一号文件对新农村建设从城乡经济社会发展、现代农业建设、农民增收、农村基础设施建设、农村社会事业、新农村建设体制保障、农村民主政治建设、党的领导等八大方面进行了全面部署。此后，连续六年（2007—2012年）的中央一号文件均围绕着新农村建设“排兵布阵”，主题突出，重点突破。

为了应对社会主义新农村建设的新要求以及夯实社会主义新农村建设的基础，2006年11月，《中共中央办公厅 国务院办公厅关于加强农村基层党风廉政建设的意见》明确将农村基层党风廉政建设作为“推进社会主义新农村建设的有力保证”[②]。并从六大方面对新形势下如何开展相关工作作出具体部署。与此同时，中央还专门成立了农村基层党风廉政建设工作联席会议，以便推动工作深入开展。2008年10月，党的十七届三中全会通过的《中共中央关于推进农村改革发展若干重大问题的决定》将加强和改善党的领导作为推进农村改革发展的一项重要任务，从完善党领导农村工作体制机制、加强农村基层组织建设、加强农村基层干部队伍建设、加强农村党员队伍建设、加强农村党风廉政建设等五个方面提出了更高的建设要求。随后，党中央相关部门出台了一系列规章制度，包括《关

---

① 中共中央文献研究室.十六大以来重要文献选编（中）[M].北京：中央文献出版社,2006:1066.

② 中共中央办公厅 国务院办公厅关于加强农村基层党风廉政建设的意见[M].北京：人民出版社,2006:1.

于深入学习贯彻党的十七届三中全会精神进一步加强农村党风廉政建设若干问题的意见》《农村基层干部廉洁履行职责若干规定（试行）》等，从各个方面安排部署了农村清廉建设的各项任务。以上这些政策有效地推动了社会主义新农村建设，使“生产发展、生活宽裕、乡风文明、村容整洁、管理民主”的建设要求得到落实，广大农村在物质文明、精神文明以及政治文明建设中得到显著提高。

综上所述，在改革开放和社会主义现代化建设新时期的乡村建设，是以“改革开放”为其鲜明的底色，其核心任务就是经济发展，即依托改革开放政策，致力于解决“三农”问题，力求缩小城市与乡村的发展差距。在社会主义新农村建设过程中，不仅要聚焦乡村的经济发展，也要关注乡村精神文明的提升，特别是在党建引领乡村建设、农村党风廉政建设、基层民主建设等方面。这些内容与举措，实际上已经在行动上将清廉乡村建设作为乡村工作的重点。

四、中国特色社会主义新时代：清廉乡村建设在新的历史方位中创新发展

在党的十八大之后，以习近平同志为核心的党中央在前期乡村建设的基础之上，从理论、实践、制度等多维度创新发展建设新农村。在我国农村贫困问题和全面建成小康社会的背景下，党和国家全面打响脱贫攻坚战。与此同时，2013 年中央一号文件《中共中央 国务院关于加快发展现代农业进一步增强农村发展活力的若干意见》中专门提道：“始终把解决好农业农村农民问题作为全党工作重中之重……深入推进社会主义

新农村建设。”[1]这是连续第十个聚焦“三农”的中央一号文件，从中可以看出党和国家建设社会主义新农村的毅力与决心。

不可否认，虽然，党和国家在社会主义新农村建设阶段取得了很大的成绩，但乡村建设依旧存在着不少短板、矛盾与问题。比如，农村的空心化、老年化以及留守儿童的问题日益加剧；农村的生态环境、基础设施、公共服务等建设还有待完善提升；农民的现代化、专业化能力有待提高；农村基层党建比较薄弱，乡村治理体系和治理能力亟须强化等。可以说，农村改革的任务还很艰巨。

要解决乡村发展中的瓶颈问题，需要与时俱进，制定符合新时代需求的乡村建设发展图景和战略规划。2017 年 10 月，习近平总书记在党的十九大报告中明确指出，经过长期努力，“中国特色社会主义进入新时代，我国社会主要矛盾已经转化为人民日益增长的美好生活需要和不平衡不充分的发展之间的矛盾”[2]。“不平衡不充分的发展”在我国涉及多领域、多层面，但是最突出的一个表现是城乡之间发展的不平衡，乡村尚未得到充分发展。为此，始终秉持“以人民为中心”的党和国家紧扣我国社会主要矛盾变化，顺应广大农民群众对美好生活的期待与向往，在党的十九大报告中作出了实施“乡村振兴战略”的重大决策部署，提出了“产业兴旺、生态宜居、乡风文明、治理有效、生活富裕”[3]的乡村振兴总要求。

---

① 中共中央文献研究室 . 十八大以来重要文献选编（上）[M]. 北京：中央文献出版社 ,2014:93.

② 习近平 . 习近平谈治国理政（第 3 卷）[M]. 北京 : 外文出版社 ,2020:9.

③ 习近平 . 习近平谈治国理政（第 3 卷）[M]. 北京 : 外文出版社 ,2020:25.

乡村振兴战略的总要求与2005年中央提出的社会主义新农村建设的总要求相比，其内涵更加丰富、层次进一步提升，反映出不同时期党和国家实行乡村建设的不同政策。乡村振兴的总要求的逻辑性和科学性更强。从“生产发展”到“产业兴旺”，实现了产业由单一化向体系化的转变。从“村容整洁”到“生态宜居”，实现了从注重外在美向内在美与外在美相统一的转变，更加凸显生态环境在乡村建设中的地位和作用。从“管理民主”到“治理有效”，实现了自上而下“管理”到双向互动“治理”的转变，治理主体由“一元”到“多元”的转变。从“生活宽裕”到“生活富裕”，一字之差，意义却相差甚远，乡村振兴不单是让农民手头够用、有点儿余头，其根本目的在于“生活富裕”，是依托于农村、农业、农民而实现人人有责、人人享有的共同生活富裕。由此可见，乡村振兴战略是对新农村建设、美丽乡村建设的综合跃升。

为了贯彻落实党的十九大报告中关于乡村振兴的精神，2018年中央一号文件《中共中央 国务院关于实施乡村振兴战略的意见》，阐明了实施乡村振兴的重大意义、指导思想、目标任务和基本原则，同时从农村基层基础工作、乡村振兴人才支撑等方面对乡村振兴战略进行了全面部署。在2018年全国两会期间，习近平总书记提出了“五个振兴”——乡村产业振兴、乡村人才振兴、乡村文化振兴、乡村生态振兴、乡村组织振兴，并对乡村振兴的类别进一步细化。从《乡村振兴战略规划（2018—2022年）》到《乡村全面振兴规划（2024—2027年）》，是对实施乡村振兴战略的全面推进和落实作出的阶段性谋划，让乡村振兴战略更具有可操作性和实现的可能性。此外，从2021年到2025年的中央一号文件都是在布局每一年乡村振兴的重点工作任务。自此，各地区、各部门深入开展乡村振兴实践，乡村振兴发展进入全面推进和落实阶段。

乡村振兴的总要求与“五个振兴”的内容，表明乡村振兴是全面、综合、系统的振兴，涉及乡村的政治建设、经济建设、文化建设、社会建设、生态建设、党的建设等多个维度。伴随着乡村振兴战略的全面推行，必将涉及集体土地流转、村庄拆迁搬迁、乡村基础建设、集体资产出租出售、产业项目支持补贴、乡村贷款融资、企业招商引资等方面，这些都是极容易发生清廉问题和利益冲突的领域。《乡村振兴战略规划（2018—2022年）》明确提出要“加强农村基层党风廉政建设，强化农村基层干部和党员的日常教育管理监督”[①]。习近平总书记在2017年的中央农村工作会议上发表题为《走中国特色社会主义乡村振兴道路》的讲话，强调了乡村振兴离不开和谐稳定的环境，要“创新乡村治理体系，走乡村善治之路……要加强农村基层党组织带头人队伍和党员队伍建设……要加强对农村基层干部队伍的监督管理……给老百姓一个公道清明的乡村。”[②] 这些论述实质就是乡村振兴必然需要提升乡村的清廉性，为乡村振兴注入“廉”动力，两者相辅相成、互为促进。

综上所述，进入新时代，党和国家站在新的历史方位，致力于实现社会主义现代化和中华民族伟大复兴的宏伟目标与任

---

① 中共中央，国务院．乡村振兴战略规划（2018—2022年）[N]. 人民日报.2018-09-27(01).

② 中共中央党史和文献研究院．十九大以来重要文献选编（上）[M]. 北京：中央文献出版社,2019:152.

务。全面从严治党向基层延伸、推动乡村全面振兴、“清廉中国”建设、基层治理现代化等均是实现总目标的重要举措和关键抓手。在多重任务的交织叠加下，清廉乡村建设是顺应时代潮流、回应群众期盼的必然要求，更是实现上述目标的必然选择。为此，乡村建设在清廉方面进行了一系列的尝试与突破。比如，依托发达的现代网络，研发“掌上监督”小程序，制定完善的网格廉情机制，推行“一网格一廉情监督员”，构筑起“网格连心桥”。此外，针对乡村干部的廉洁教育、乡村财务管理、清廉文化建设、乡村治理效能等方面，开展了很多有益尝试，实现了清廉乡村建设在新时代的创新发展，但建设之路仍任重道远。

第四章　新时代广西清廉乡村建设的实践情况

党中央实施全面从严治党的重大战略部署里明确提出要“推动全面从严治党向基层延伸”，清廉乡村建设就属于全面从严治党向基层延伸的具体举措。广西因地制宜、开拓创新开展清廉乡村建设，全区培育创建清廉示范村 187 个，系列创新性工作获中央农办、农业农村部和自治区领导高度认可。广西入选第四批全国乡村治理典型案例，案例数位列全国第二。广西积极探索实施“红格善治”工程，全面推行“党建＋网格＋大数据”乡村治理工作模式的相关经验获得相关部门的肯定。此外，细化举措、大力推进清廉乡村建设等典型做法在中央农办《农村要情》《乡村治理动态》刊发，并向全国推广。为推进清廉乡村建设工作，广西专门制定出台了《大力推进广西清廉乡村建设实施方案》，指出建设清廉乡村的关键是“通过进一步完善基层监督机制建设、增强思想文化支撑、强化监督制约保障，切实解决群众身边的腐败和作风问题，健全党组织领导下的自治、法治、德治相结合的基层治理体系，推动清廉思想、清廉制度、清廉文化融入乡村建设各领域和全过程”[①]。从实施方案提出的工作原则可以看出，清廉乡村建设的核心内容是“三治”——自治、法治、德治。要让“三治”发挥作用，就必须从清廉干部队伍提升工程、清廉制度机制完善工程、清廉思想文化培育工程这“三大工程”着手。事实上，根据调研，除广西外，其他各省份地区推进清廉乡村建设的主要抓手也是这三个层面。那么，广西是如何推进这三个方面的工作，在推进这三方面工作中呈现出什么特点？体现出什么成效？下文将主要以广西实践为视角，通过分析广西地方实践的典型案例，归纳其实践特点、经验，并结合现实的困境，尝试提出进一步推进清廉乡村建设工作需要重点突破的内容。

一、“人才促廉”：注入“廉”动力，夯实清廉乡村建设的发展基础

马克思主义认为，经济基础决定上层建筑，上层建筑包括观念上层建筑和政治上层建筑两大部分，其中，占据主导地位的是政治上层建筑。如果我们要进一步细化和分类，那么清廉建设可以被视为政治上层建筑在基层社会中的具体体现。经济基础是由生产力决定的，而生产力的三个基本要素包括劳动者、劳动资料和劳动对象。其中，人的因素，即劳动者是最活跃的因素，起主导作用。因此，为推进政治上层建筑的持续发展和进步，我们要充分认识到人在其中所扮演的重要角色，并

① 庞革平，庞姚明．广西大力推进清廉乡村建设 [N]. 人民日报，2022-04-01（11）.

在实践中不断强化这一认识，确保政治上层建筑能够更好地服务于经济基础的发展，以及社会的整体进步。

（一）"人才促廉"的典型案例

2022年12月，在中央农村工作会议上，习近平总书记强调："人才是最宝贵的资源，是加快建设农业强国的基础性、战略性支撑……通过多方面努力，着力打造一支沉得下、留得住、能管用的乡村人才队伍，强化全面推进乡村振兴、加快建设农业强国的智力支持和人才支撑。"[①] 无论是脱贫攻坚还是乡村振兴工作，各地在推进工作的过程中普遍存在的主要问题归根结底是人才。乡村工作能不能做得好，党中央的政策能不能有效贯彻实施到位，关键在于基层一线有没有强有力的人才作为支撑。由于乡村处在基层一线，面对的是艰难的工作环境和复杂的工作事项，这使得乡村长期以来都存在着缺乏专业人才和综合能力强的工作队伍，以及热爱乡村、熟悉乡村工作的基层干部严重不足的问题。因此，要推进清廉乡村建设工作，最基本的工作就是要把人才建设抓好、抓实、抓牢。

对于如何打造乡村人才队伍，提升基层干部的战斗力，广西的做法是："以加强组织体系建设为重点，突出强化党组织对清廉乡村建设工作的全面领导，增强农村基层党组织的政治功能和组织功能。"[②] 强组织是强人才的关键，强组织的关键是要把基层党组织建成战斗堡垒，通过大力推进村党支部标准

---

① 习近平．加快建设农业强国 推进农业农村现代化[J]. 求是 .2023(06).

② 广西壮族自治区农业农村厅．大力推进广西清廉乡村建设实施方案[S]. 桂农厅发〔2022〕38号,2022年3月.

化、规范化建设，严格按照组织建设的要求规范好各村委的基层组织设置，并通过规范的组织生活、创新组织活动方式，使组织的活力得到释放，促进人才队伍的素质提升。以下是几个广西代表性地方的做法。

1. 崇左市龙州县逐卜乡

逐卜乡位于风景秀丽的弄岗国家级自然保护区内，它坐落在崇左市龙州县的中北部地区。从其乡政府所在地到县城中心的距离大约是 48 千米。该乡的东北方向与大新县接壤，而西南方向则与上龙乡、金龙镇以及响水镇相连。目前，逐卜乡下辖 11 个行政村，共有 124 个自然屯，人口数量约 1.87 万人。该乡曾获广西壮族自治区文明村镇荣誉称号。

逐卜乡坚持把清廉乡村建设作为助推乡村振兴的重要抓手，自广西清廉乡村建设启动后，实行统一的“党建＋清廉乡村人才”建设工程，聚焦“党建引廉”，着力打造班子清廉、干部清正、村务清爽、民风清朗、和美乡村的清廉新乡村，为乡村振兴注入“廉动力”。该乡全面对标《清廉广西建设提质增效三年行动方案（2024—2026 年）》工作要求和任务清单，按照《关于推进清廉龙州建设的实施方案（2022—2027 年）》和《龙州县 2022 年清廉龙州建设工作要点》，针对乡镇实际情况精准定位，确立了“一带三村四点”工作思路，并制定了由乡党委班子领导负责挂点跟进、党员干部示范引领的工作机制，以确保清廉乡村建设工作稳步有效推进。该乡“严格执行民主生活会、述职述廉会、民主评议、‘三重一大’事项集体决议、重大事项报告和‘一把手’主动接受监督等制度，以严的标准贯穿始终，推动各项工作提质增效”[①]。

逐卜乡高度重视乡镇级、村级党员干部的管理与教育。通过组织全体党员干部认真学习《中国共产党廉洁自律准则》，带领大家走进廉政教育基地进行集中学习，以身边违纪违法典型案例为警醒，督促、教育党员干部自觉筑牢廉洁从政为民底线。在逐卜乡弄岗村，村委会通过“三会一课＋固定党日＋活动”的形式，有针对性地对党员干部开展廉政警示教育，具体做法有：观看警示教育纪录片、开展廉政主题党课、签署廉政承诺书等，将清正廉洁理念传达到基层。这些活动旨在加强村“两委”干部的法律纪律观念和廉洁自律意识，促使他们养成懂得敬畏、保持警惕、坚守原则的工作作风。

2. 柳州市城中区环江村

环江村属于柳州市城中区静兰街道的管辖范围，地处柳州市东北面，面积约 13 平方千米，全村 800 余户，2800 多人，50 余名党员，共 9 个自然屯。环江村距市中心 15 千米，背靠莲花山，前临柳江河畔，森林覆盖率达 70% 左右，是柳州市的“后花园”。环江村经过多年建设与发展，凭借深厚的历史文化底蕴、得天独厚的自然环境以及丰富的旅游资源，先后获得多项殊荣：“全国民主法治示范村（2023 年）”“中国美丽休闲乡村（2022 年）”“全国乡村治理示范村（2021 年）”“中国十大最美乡村（2020 年）”“全国百佳乡村旅游目的地（2018

① 农基椿，覃建继 . 崇左市逐卜乡着力打造清廉新乡村 [EB/OL]. 广西壮族自治区农业农村厅 .(2024-08-02)[2025-02-07].http://nynct.gxzf.gov.cn/xwdt/gxlb/cz/t18805407.shtml.

年）”“自治区清廉示范村（2022 年）”“自治区‘五星级党组织’”“自治区五星级乡村旅游区”“广西乡村旅游重点村（2021 年）”等。

柳州市城中区环江村在清廉乡村建设中，提出“‘三廉’同步，善治乡村”的建设理念，其中位于“三廉”首位的是“强基固本”，其实质内容是组建清廉建设队伍，以加强基层党组织建设，把人才培养、队伍建设、组织建设放在首要位置。具体做法如下：第一，打造既优又强的“两委”班子。环江村凭借并发挥自治区“五星级党组织”的示范效应，选配优质“两委”班子，以引领本村在乡村旅游、法治建设、乡村建设、环境治理等方面的工作，朝着和美乡村的目标迈进。2023 年，柳州市农村居民人均可支配收入约 1.98 万元，而环江村远高于平均数，达到了人均 3 万元左右。第二，重视优质年轻干部的培养。环江村在村“两委”换届中，尤其注意选拔年轻干部进行培养，通过建立廉政档案、定期履职分析研判等方式，以及开展警示教育、签署廉洁承诺书等活动，强化干部监督，提升党员干部的纪律意识。第三，创新组建区域化党建联盟。按照“区域大事共商、各村难事共议”的工作机制，组建农村领域区域化党建联盟，充分发挥“三支队伍”（含村党组织书记、村干部、无职党员）的作用，推进不同村庄之间的交流与合作，并且定期组织成员村开展民情、村情会商活动，通过集思广益，共同探讨和解决农村发展过程中遇到的问题和难题，从而实现资源共享、优势互补，推动农村社会的和谐稳定发展。2021 年，环江村入选全国村级组织议事协商创新试点单位。第四，打造区域化治理队伍。充分发挥村级党员干部以及各类群体的积极作用，组建各类治理队伍，如“莲花山联防队”、志愿先锋服务队等，激发参加联盟的各成员村对于联防联治的参与热情和内在动力，凝聚乡村建设正能量。

3. 桂林叠彩区潘家村

潘家村，这个坐落在桂林市叠彩区东郊的美丽村落，隶属于大河乡的行政管辖。它由两个自然村（潘家村、中村）组成，共同构成了一个拥有 8 个村民小组的村落，居住着 360 户家庭，总人口数量达到 1200 多人。在这些村民中，有 44 名党员，其中，女党员 12 名，高中以上学历党员 31 名。

近几年，潘家村在推进清廉乡村建设中，始终不渝地坚持把基层组织民主建设和人居环境、产业发展、文明建设相结合。他们的目标是努力打造一个既清廉又和谐、既美丽又宜居、既产业兴旺又乡风文明的乡村新形象。在基层民主建设方面，潘家村特别注重培养一个坚强有力的领导核心，并致力于构建一个高效能的基层领导班子。该村在推进清廉乡村建设中，已经迈出了坚实而有力的步伐，他们通过加强和夯实基层的堡垒，强化选拔和任用人才的机制，同时注重对人才的针对性培养，从而锻造出一支充满活力、能够引领乡村振兴的人才队伍。正是由于这支人才队伍的引领和推动，潘家村得以有效实施三项重要的民主制度，即民主决策制度、民主监督制度以及民主管理制度。

（二）“人才促廉”的实践分析

继 2024 年中央一号文件提出要实施乡村振兴人才支持计划之后，2025 年 1 月，中共中央、国务院印发的《乡村全面振兴规划（2024—2027 年）》又专门强调要“大力培养乡村人才，吸引各类人才投身乡村全面振兴”①。由此可见，人才是乡村发展、乡村振兴的重要资源。根据选取的代表案例的情况来看，广西在清廉乡村建设方面，特别注重发挥人才资源的作用以推进清廉事业。文化涵养、制度构建、监督机制等要素之所以能够得到贯彻和推进，并取得成效，关键在于人才的支撑作用。而上述三个地方的实践策略均聚焦于把党建做强，坚持在党的全面领导下开展人才强基和人才促廉工作。结合这些代表性乡村的特点，广西在乡村清廉工作中对于人才队伍建设，展现出以下几个突出特点。

1. 用“忠心”把村委干部强起来

推进清廉乡村建设，首先必须拥有一支具有领导力和示范作用的村委干部队伍。这些村委干部应当以身作则、清正廉明，对乡村建设饱含情怀与热情，一心为公，带领村民走正道，谋发展。只有这样，乡村的风气才能保持淳朴和正直。

根据目前所能收集到的资料来看，各地在清廉乡村建设中普遍注重采用“党建 + 清廉乡村”建设的模式，通过加强党的建设，夯实基层堡垒，从而有效地强化了村“两委”干部的领导力量。通过不断涵养乡村干部忠诚、干净、担当的个人品格，使他们对党和人民的“忠心”得以充分激发，从而用这种情怀与责任感推进乡村振兴事业的发展。为实现党建强人才的目的，许多基层乡村都开展了创建星级党支部活动，它们坚持

---

① 中共中央 国务院印发《乡村全面振兴规划（2024—2027 年）》[EB/OL]. 新华网 .(2025-01-22)[2025-02-21].https://www.news.cn/politics/20250122/0fb749863b174a1caca5c286dd366256/c.html.

把“五星”支部创建作为引领和保障乡村经济社会发展的“第一要务”，以“五星”促“融”，以“创建”赋“能”，“五星”支部的标准有很多项，贯穿其中的就是“清廉”。

笔者在调研中发现，清廉乡村建设成效显著的地方都有一个共同的特点——村“两委”能力都比较强，村委干部身上都有一种深厚的情怀。在他们的带领下，村内的党建文化、党日活动也都比较规范和有特色。一般这些村庄中都设有党员活动室、便民服务室、图书室、文化活动室、矛盾纠纷化解室和卫生室等，有的还会建设村史馆、幸福院等基础设施。从内涵建设方面看，这些村庄还特别强化党员教育管理，严格规范“三会一课”、组织生活会、民主评议党员等制度，定期开展主题党日活动，创建党员示范岗等。而且他们还会组织开展具有针对性的主题党日活动和党员志愿活动等特色活动。这些都充分发挥了乡村党员在乡村内的先锋模范作用，为各项工作提供坚强组织保障，从而不断夯实乡村人才队伍建设。以桂林市为例，目前该市已全面实现党组织书记和村（居）民委员会主任“一肩挑”，全市村（社区）党组织书记平均年龄为44.3岁，其中女性341名，占比17.9%；大专及以上学历604人，占比31.7%，“领头雁”队伍凝聚力、战斗力进一步提高。当前，全市正在构建全链条培养体系，不断强化乡村振兴“领头雁”。

2. 用“爱心”把乡村人才留下来

清廉乡村建设不单涉及思想层面的内容，这些工作贯彻在乡村振兴工作的各个领域。乡村振兴首要任务是人才振兴，这不仅要求乡村基层干部的能力要得到加强，还要求乡村各方面人才能留得下来，否则可能会出现人才断层现象，或者无法确保良好风气得以传承。当前，乡村建设普遍存在短板现象，包括收入水平低、基础设施差、发展平台不完善、机制不健全以及发展空间有限等。为了尽可能克服这些问题，广西在清廉乡村人才机制建设方面努力探索建立人才评价和激励机制，优化人才队伍结构，主要围绕人才个体需求，增强基层干部归属感，在人才提升和提拔方面出台优惠政策，让更多的乡村基层人才为乡村振兴出谋划策，贡献智慧和力量。

此外，广西在用“爱”留才方面，特别注重优化工作与生活环境。例如，融水苗族自治县拥有523个少数民族特色村寨，其中苗族村寨有300个。然而，村寨的民族特色和乡村特色在工业化、城镇化加速推进过程中，受到现代建筑的冲击而急速消失。为了振兴乡村，首要任务是保护乡村的特色，维护传统村寨，并创造一个更具特色和美化的生活环境，以吸引并留住人才。基于此，融水县政府推出了一系列奖励政策，提供4套建筑图纸，鼓励村民依照传统民族风格建造房屋，保留吊脚楼、花窗等传统建筑元素，符合条件的村民可获2万元奖励。通过这种方式，融水县将特色村寨保护和民族文化建设、民族旅游经济开发等结合起来，共同促进民族地区发展。而那些缺乏民族特色的乡村，为了留住人才，不少地方政府也在环境优化上下功夫。例如，田阳区那满镇新立村把对人才的“爱”融入一项项乡村基础设施建设中。近几年，该村的环境已得到明显改善，村屯均实现了水泥路全覆盖，学校、卫生室、活动场所等设施一应俱全。村民自治的水平得到很大提高，村里还成立了“夕阳红服务队”，协助村委组织、监督各项公益活动。为吸引和留住人才，该村还不断争取政府给予的配套政策、产业项目和资金的支持。

3. 用“真心”把本土知识青年召回来

在推进清廉乡村建设的过程中，本土人才的领导作用至关重要，特别是青年群体，他们应当成为乡村建设的主力军。当前，随着乡村振兴工作的深入开展，广西的许多地方实施“合村并组”政策，合并后的村、组急需一大批具备知识、能力和创新思维，且愿意带领村民勤劳致富、实现小康生活的带头人。这些带头人就是清廉乡村建设的核心力量，作为本地人，他们更熟悉本村本组的情况，更能发挥引领作用。然而，一些本地人可能不愿意返乡回村，而那些愿意回来的人可能也会形成以家族利益为中心的小团体。因此，用“真心”把本土知识青年召唤回来的同时，还需要同步引导他们展现宽广的胸襟。

从广西清廉乡村建设的实践情况来看，各地都重视用乡情留住本土人才，积极打好“乡情牌”，同时提供就业创业支持、免费技能培训和创业培训、实施人才跟踪服务等，服务好有梦想的年轻人，使年轻人“回流”，将身心留在农村，成为乡村发展的“领头羊”。例如，来宾市武宣县和律村针对返乡人员专门打造“千亩返乡人才创业扶贫产业园”；百色、河池等市试点施行“乡村振兴专项补贴”，返乡人才创办涉农企业或合作社的可获得相应的启动资金；贵港市针对返乡创业企业实行“三免两减半”的税收福利政策……此外，还有“乡创领头人”计划、“一村一产业”扶持等，通过这些方式帮助和支持返乡人员创业就业。对于那些愿意回流返乡的年轻人，村委都会将其作为重点培养的对象，加强对他们进行清廉思想的教育和引导，确保他们扣好乡村服务的第一颗扣子。例如，南宁市西乡塘区忠良村对返乡高校毕业生和复员、退伍军人等优秀青年进行乡级党校培训、实地培训，定期对村级后备力量进行集中培训。

4. 用“诚心”把外面的人才引进来

当前的乡村振兴工作，迫切需要具备实用专业技术、乡村规划、经营管理等多方面能力的人才。然而，目前乡村振兴的基础设施落后、公共服务体系尚不完善、互联网资源的普及和应用也较为薄弱，这些因素导致对人才的吸引力不足。因此，为了改变这一现状，我们必须摆正态度，用“诚心”去引进人才，正如习近平总书记所说：“要坚持本土培养和外部引进相结合。”[①] 广西为吸引外地人才服务乡村建设，实施了一系列针对性措施。广西会定期组织农业领域急需紧缺高层次人才招聘活动。例如，在 2025 年年初，广西人力资源和社会保障厅等部门赴武汉开展“乡村振兴　桂在有你”专项招聘，重点引进农业科技、畜牧、水产等领域人才，外地人才可通过线上或现场报名，引进的人才可享受事业单位编制或企业优厚待遇。广西在充分尊重人才、尊重知识的基础上，结合国家的相关政策，积极吸引高校毕业生参加“西部计划志愿者”“大学生村官”“三支一扶”等项目。广西立足乡村实际，用诚心广纳天下英才，加大人才队伍建设的投入，因地制宜、因人制宜地为人才发挥聪明才智创造良好条件和提供广阔平台。此外，广西通过“职通广西”就业计划，为高校毕业生和技工人才提供岗位

---

① 习近平. 锚定建设农业强国目标　切实抓好农业农村工作 [N]. 人民日报 ,2022-12-25（01）.

精准推送和见习补贴，紧缺工种（如新能源汽车、电子信息）还可享受全额培训补贴。其中，农业领域人才还可参与“千雁万群”培育计划，享受全链条扶持（培训＋项目＋金融），以此促进外地人才快速融入乡村产业。通过完善福利制度，保证各类人才的福利待遇水平能够持续提高，让外面的青年才干自愿投身农村，成为乡村振兴的“智力库”，为乡村的全面振兴贡献智慧和力量。

二、“文化育廉”：涵养“洁”文化，营造清廉乡村建设的文化氛围

清廉属于思想道德建设的范畴，思想与文化是相互渗透、不可分割的，要使思想道德建设的成效得以彰显，必须依靠文化。基于此，清廉乡村建设首先要用好乡村文化资源。乡村文化沉淀并深植于村落村容风貌、良风习俗和村民品性言行中，不同表象相融于一体形成了各具特色的乡村文化个性。在清廉乡村建设中，要全面、准确地挖掘隐藏于村落中的文化符号和内涵，进而通过概括和提炼，将那些具有积极影响和深远意义的乡村文化精髓加以推广和弘扬，以促使村民完成对这些文化的内化，实现文化“润心”的目的。

（一）“文化育廉”的典型案例

乡村文化建设的重要性早在2005年就得到中共中央办公厅、国务院办公厅的重视，其联合发布的《关于进一步加强农村文化建设的意见》中明确提出要“加强对农村优秀民族民间

文化资源的系统发掘、整理和保护”[①]。也就是从那时起，广西各地区逐步有序地保持农村传统文化生态完整，并对具有特殊价值的村落或特定区域进行动态整体性保护。同时，还在有条件和有资源的村落，建立科学有效的民族民间文化遗产传承机制。当前发展基础较好的民间工艺项目，如壮锦、都安书画纸、北海贝雕、桂林梳篦、广西凉席等；民间艺术和民俗表演项目，如彩调、牛娘戏、木偶戏、刘三姐山歌、划龙舟、舞狮舞龙等；民俗旅游项目，如古镇游、生态游、农家乐等，都在2005年开始得到加强并发展起来。这些发展较好的乡村文化项目在随后的新农村建设、美丽乡村建设和脱贫攻坚、乡村振兴中，都发挥出其独特的文化价值和经济价值。在清廉乡村建设部署之后，各地在探索和推进清廉乡村建设中，首先考虑的是要充分利用好不同村落的文化资源，以打造独具特色的清廉文化品牌。

1. 崇左市宁明县爱店镇堪爱村

堪爱村位于中越边境公母山脚下，距离爱店口岸5千米，毗邻崇爱高速路，与那党村、爱店社区相邻，全村共有8个自然屯。该村被纳入2022年广西乡村振兴示范村创建名单，是第九批全国民主法治示范村（社区）、第七批全国民族团结进步示范区、第三批广西壮族自治区民族团结进步示范村（社区）、广西2017年度自治区级生态村、广西壮族自治区文明村镇。

---

① 中共中央办公厅 国务院办公厅 关于进一步加强农村文化建设的意见[N]. 人民日报,2005-12-12（01）.

走进堪爱村，只见一栋栋粉刷干净的居民楼与周围的绿树相映成趣，村中的凉亭古朴雅致。自清廉乡村建设工作开展以来，堪爱村致力于打造清廉乡村示范样板，特别是在文化育廉方面别具一格。

第一，堪爱村将本土的红色文化、民族文化与廉洁理念巧妙结合，利用“莲”字的谐音和意境，创作出一系列与廉洁相关的文化墙，使得村庄的景色焕然一新，处处展现出清廉的氛围。这样的布局设计，一方面美化了村容村貌，另一方面也在无形之中增强了党员干部和村民的廉洁自律意识。

第二，堪爱村特别注重廉洁文化与民族文化的融合发展。在这里，廉洁文化可以是瑶族人民创作的清廉“瑶曲”，也可以是他们精心绣制的绣品，甚至是铜鼓表演中传递的“廉”之声。通过展示瑶族刺绣、壮瑶服饰、铜鼓表演等，堪爱村建立了“民族团结进步展示馆”，设立壮瑶文化展厅，并举办了反腐倡廉山歌比赛等，让党员干部和群众在欣赏廉洁艺术的同时，自然而然地接受廉洁文化的熏陶。

第三，堪爱村利用党群服务中心、爱河桥长廊、莲花池等场地，打造廉洁文化宣传基地，积极向党员和群众推广清廉文化知识。

第四，堪爱村以新时代文明实践站为平台，组织志愿者围绕乡村建设、乡风文明、移风易俗等主题开展志愿服务和宣传活动。

第五，堪爱村开设了“今日堪爱”村级微信公众号，通过线上线下同步推广清廉文化元素，将清廉乡村建设融入村民的日常生活中，促进全村形成积极向上的社会风气，营造良好的乡村精神文明建设环境。

2. 南宁市兴宁区围村村

围村村属于南宁市兴宁区三塘镇所管辖的范围，地处三塘镇北侧，处在该镇“十里花卉长廊”规划区的中心区，距离镇政府约5千米，下面管辖有5个村民小组，常住人口大约有1800人，全村总面积约8平方千米。近年来，围村村先后获评“中国美丽休闲乡村（2016年）”“全国乡村治理示范村（2019年）”“第五届全国文明村镇（2017年）”“广西清廉示范村（2022年）”“第一批广西生态特色文化旅游示范村（2023年）”“广西乡村振兴示范村创建名单（2022年）”等。

在清廉乡村建设过程中，围村村重点实施清廉思想文化培育工程，主要通过铸“魂”、造“核”、塑“形”三个方面多维度打造厚德养廉的基层社会环境。

首先，铸“魂”——以思想清养文化的魂。围村村通过在村庄的主要出入口、主干道沿线、活动广场等公共场所设置社会主义核心价值观的广告栏、宣传语，将其融入乡村景观打造中，倡导群众传承正能量、传承好乡风，在美化乡村环境的同时，将清廉乡村建设工作向前推进。此外，围村村还依托新时代文明实践站，建立文明实践工作机制，同时推进文明实践积分卡的建设，营造乡村清廉思想氛围，以此实现文明、清廉、和谐的乡村建设目标。

其次，造“核”——以家风传承文化的核。围村村拥有自己的家风家训馆，该馆在“形象墙”部分，展示“司马光砸缸”“孔融让梨”等画面内容；在“习近平谈家风建设”部分，展示习近平总书记关于家风建设、干部作风建设的相关论述；

在“家范传世”部分，展示选出的全国10位代表人物及故事；在“千古家训”部分，展示选取的7位古代名人的经典家训；在“南宁古代清官”部分，展示收集选取的12位曾在南宁任职的古代清官的事迹；在“传承与新风”部分，展示了三塘镇那井坡村民家训、五塘镇沙平村滕氏家训、昆仑镇的村规民约。此外，村民还把家训格言张贴在自家门前，以此弘扬家庭和睦、孝老敬亲、勤俭持家的优秀家风、民风、村风。

最后，塑“形”——以阵地塑造文化的形。在围村村建成的兴宁区廉政文化教育基地，有基地标识、家风家训馆、廉政大课堂、“廉”廊、村史室等。围村村在村里主干道两旁以及村民活动比较集中的地方建设清廉文化阵地，将清廉文化、民风民俗、民生监督、家风家训等内容嵌入村容村貌建设中，融入村民生活，绘就乡村“清廉图景”。围村村在村民议事会议室打造廉政大课堂，会议室内部增设了“清正廉洁”文化主题墙。围村村将村里的休闲娱乐长廊打造成“廉”廊，用古人家风家训名言的字画装饰长廊，将廉洁文化融入村民日常生活中，做到有景可看、有样可学。

3. 桂林市永福县广福乡龙溪村

龙溪村是桂林市永福县广福乡下辖的行政村，位于广福乡的北面，距离广福乡人民政府约6千米。龙溪村被纳入2022年广西乡村振兴示范村创建名单，在2019年时被选入第一批国家森林乡村名单，曾获“广西生态特色旅游示范村（2023年）”“自治区三星级麻竹特色产业核心示范区（2019年）”“自治区五星级党组织”等荣誉。

龙溪村一直把村民道德建设当作一项大事来抓，推动“清廉村”创建工作不断向广度和深度拓展。

首先，龙溪村最显著的特征是坚持把党建工作融入清廉乡村建设的整个过程，此举不仅有助于提升乡村工作成效，而且对促进乡村全面发展具有深远的意义。通过精心挑选具备清廉品质、卓越能力且获得群众广泛支持的村“两委”干部及驻村工作队，打造廉政教育示范基地，带头开展形式多样的党员教育活动，为清廉乡村建设提供组织保障。

其次，推出“清廉家风汇”品牌活动。龙溪村通过开展一系列富有创意和感染力的活动，如家访谈心、活动宣讲、故事分享会以及拍摄制作“和美全家福”视频等，积极传递和弘扬廉洁自律、孝老爱亲、邻里互助等优良品质，以清廉家风带动民风向善向好。此外，龙溪村还按照“家风清正、家教良好、家庭和睦”的标准评选清廉家庭示范户，按照“从业清廉、做人清白、亲仁善邻”的标准，评选“好婆婆”“好媳妇”“好邻居”等榜样人物，以此引领新风正气，促进以清为美、以廉为荣的价值取向深入人心，从而在全村范围内营造出一种积极向上、和谐美好的社会氛围。

最后，融合“农廉旅”助力乡村振兴。龙溪村坚持文化润心的发展理念，开发农旅新模式，激活乡村振兴新动力。该村紧紧抓住打造世界级旅游城市和全域旅游示范区的契机，立足本村麻竹产业的发展优势，提炼竹子的廉洁品质——坚韧、高直、中空、有节，打造“清风竹溪”文化品牌。在此过程中，将党建、“廉竹”等元素融入乡村旅游，建成红色传承亭、清水莲池、四季花海、露营营地等景观及设施，将红色、廉洁、传统文化与自然景观有机融合，形成“寓廉于景”的乡村旅游路线——“农廉旅”路线，让游客在潜移默化中将“清廉”入心。据资料显示，该村每年可接待游客4—5万人次，村集体经济增收达37万元，惠及1000余名群众，真正实现生态效益与经济效益双赢。

（二）“文化育廉”的实践分析

“文化而润其内，养德以固其本。”这句话深刻地揭示了文化在个人内在修养和道德品质培养中的重要性。在加强新时代清廉文化建设的过程中，充分发挥清廉文化养德固本的作用，有利于在全社会营造以文化人、以文润德、以文养廉的浓厚氛围，从而促进清廉乡村建设。从上述的几个代表案例中，我们可以看到广西各地在推进“文化育廉”中呈现出一些鲜明的共同特点。接下来，笔者将通过案例以及重点结合在桂林市的调研情况进行如下归纳和分析。

1. 重视整体村容清廉文化营造

乡村文化传播的主体是普通民众，属于大众传播的范畴。需要用当地群众可接受的、喜闻乐见的方式去传播，否则文化传播就不能真正入脑入心。堪爱村的“清廉瑶曲”、围村村的“廉政文化教育基地”、龙溪村的“清风竹溪”文化品牌，其核心策略均是在村落中全面营造浓郁的廉洁文化氛围，使人们走进这些乡村就能感到清廉文化的气息扑面而来。经过调研发现，当前广西清廉文化在乡村的传播形式，还是以传统的方式为主。例如，在乡村道路两旁竖起宣传柱，在房子墙面画漫画，在村子不同位置张贴格言和楹联等，具备条件的乡村会将清廉文化的元素融入乡村公共活动的小广场，设置乡村文化宣传长廊、宣传墙等，将具有本村特色的家风家训、廉洁文化故事、村务公开、民生监督等内容融入乡村街、室、廊、院的每一个角落，让群众抬头俯视皆有“廉景”，在潜移默化中受到廉洁文化的熏陶。这种文化传播形式是广西清廉乡村建设中最具代表性的做法，在走访调研的乡村中，作为示范推广或做得较好的乡村，清一色都有专门的清廉文化宣传内容。如桂林市象山区以“勤奋＋廉洁＋村居”的模式，大力开展勤廉文化进乡村活动，将本地勤劳的农民、优良的家风文化等内容，以主题景观、彩绘浮雕、场景塑造等形式融入村容村貌，形象地展示了勤廉文化的精髓，营造了“人在廊边走、勤廉心中生”的氛围，加强了对过往干部群众的启迪和教育，使其从内心深处发扬钉钉子精神，筑牢清廉思想。

2. 紧扣本土文化融成清廉底色

文化是需要积淀的，每个村庄都拥有各自丰富多彩的文化资源，这些资源是长时间积淀的结果，它们体现了本土特色。然而，并非所有村庄的文化资源都能清晰地展示出清廉的主题。这是因为优秀传统文化是由多元的文化元素构成的，需要我们根据实际去创新和融合这些元素，以便让它们在新时代发挥出应有的价值。在实际工作中，广西各地的做法就是针对独特的本土文化资源优势，深挖其内含的清廉元素，从而让本土优秀文化涵养和强化新的育人要求。在清廉乡村建设工作开展过程中，各地普遍的做法是大力弘扬廉洁文化，充分依托和运用本地廉洁资源优势，持续丰富清廉文化的内涵，积极创新载体、搭建平台、培育典型，通过文化润廉，栽培清廉文化“因子”，营造出“以廉为荣、以贪为耻”的社会氛围。在桂林调研中，笔者发现各县区都积极挖掘和利用本地特色资源，促进清廉乡村建设。例如，桂林市象山区纪委监委深入发掘本土“勤廉”元素，坚持挖掘村情村史、名人乡贤、家规家训、民俗风情中有关勤廉文化的资源，持续打造8个特色村落旅游勤廉文化品牌。荔浦市纪委监委将廉政教育文化、文明新风宣传、社会主义核心价值观宣传与乡村风貌塑“形”有机结合，促进廉洁文化在基层落地生根。该市荔城镇莲塘屯在本土的优秀传统农耕文化上面做文章，挖掘其内含的思想观念、人文精神、道德规范，且特别注重与莲塘屯的特色——莲花相结合。将莲花作为廉洁的象征，以莲喻廉，莲以养德，让莲花出淤泥而不染的廉洁品质融入群众生活中。通过村规民约、清风石刻、廉洁小故事、家风家训和咏廉古诗词等元素，打造良好村居环境，使得清廉文化阵地不再遥远，而是实实在在地建到了群众的“家门口”。

3. 家风文化是清廉乡村文化的重要篇章

中国家风文化深植于中国传统文化的沃土之中，蕴含着丰富的优秀传统文化精粹，其教化等功能对家庭的存续与进步产生深远影响。上述案例中的堪爱村、围村村、龙溪村都在家风文化上做了文章，在对桂林的深入调研中，笔者也发现清廉乡村建设示范村中的每个村都特别注重家风文化的宣传和引导。例如，临桂区六塘镇着力抓好家风建设，倡导树立廉洁文明新家风，发动群众参与乡村治理，鼓励每家每户订立家风家训，落实村规民约。每季度开展一次“家庭积分银行”评比活动，由村监委会、党小组、村民理事会三方联合打分，评选出“星级文明家庭”，以“小积分”推动乡村“大治理”。在村里部分位置展示名人贤士的家风故事、清廉故事，如临桂区六塘镇的李天佑将军家书亮风节的家风故事和勤政爱民的故事。临桂区四塘镇纪委依托当地清官廉吏陈宏谋和朱氏家族“父子三翰林”的家风文化打造家风园。四塘镇腊村借助下舍里村农耕文化馆以及村史馆的建设，巧妙地将廉政教育和七星伴月、进士门、文魁门等富有历史意义的村史和乡愁故事相结合，组织该村退休干部、复退军人、老教师、老党员等，以身边事、身边物去感化和教育身边的村民，把清廉文化建设在群众周围，使得整个村庄充满浓厚的清廉文化氛围。临桂区中庸镇把泗林村作为试点，通过将家风与党纪相结合，实现了农村基层党风廉政教育的创新。在此过程中，区纪委积极利用廉政讲台，传播廉政文化，使廉政文化深入人心，进一步推动家风建设。泗林村巧妙地把“廉”文化与“家”文化有机结合，利用教育励志会、“九月九”活动等多种形式弘扬优秀的家风家训。这种家风与民风、政风之间的相互促进，形成“以好家风促民风清政风”的良性循环，逐步形成“政风清、家风正、村庄美、村民富”的良好氛围。此外，泗林村利用文化室二楼走廊的空间，将廉政小故事、学习模范标语等制作成宣传栏，打造廉政文化走廊，营造“崇廉敬廉”的氛围。

4. 重视以活动为载体促进清廉文化的传播

以廉洁文化活动为载体，大力推进清廉乡村建设，是激发群众参与清廉乡村建设积极性的有效做法，也是各地探索清廉乡村建设中共有的抓手和普遍性的做法。案例中堪爱村的“唱廉歌、赏廉艺、品廉餐”活动，永福县龙溪村开展的“清廉家风汇”品牌系列活动，都是充分发挥活动载体的作用，有效调动广大村民知廉、爱廉、思廉的热情与行动。在这些案例中，永福县比较有代表性，该县纪委监委充分借助彩调发祥地的优势，将清廉乡村的清廉文化建设与传统民俗文化和非遗相结合，以宣讲传唱等多种形式推动清廉乡村的建设。通过整合彩调协会、各村彩调队、县级融媒体等多方资源，组织县里的文艺工作者、爱好者围绕本地孝廉文化和反腐倡廉的主题，编排创作了包括7个系列宣传短视频在内的《彩调倡廉》。同时，还分别通过渔鼓、三句半、小品、微剧等形式，编排创作《送错礼》《苍蝇虽小危害大》《你管得着吗?》《无情利剑》等廉洁文化作品进行巡演展示，打造出内容翔实、形式丰富的“廉戏”。这些节目依托微信公众号、电视台等媒体平台进行播放宣传，通过艺术形式传递清廉理念。此外，在临桂区黄沙瑶族乡，为了弘扬清廉文化，经常会举办一系列富有教育意义的活动，如“清廉家庭”和“勤廉榜样”等。同时，乡里还特别为村里添置了150余册浅显易懂、内容丰富的廉政书籍，这些书籍涵盖廉政法规、历史故事、道德教育等多方面的内容，旨在打造一个基层廉政文化的学习阵地。通过这些书籍，村民可以更深入地了解廉洁自律的重要性，从而在日常生活中自觉践行清廉的价值观。

5. 重视阵地、基地的打造和村规民约的规范

乡村文化阵地建设对乡村振兴有重要意义，是乡村振兴的灵魂和活力基础，给广大农村地区的振兴和发展提供了丰富的精神生活。在推进清廉乡村建设中，各地都很重视阵地和基地的打造，并利用清廉基地的平台规范村规民约的制定。上述三个典型案例打造了各具特色的基地或阵地，也都重视引导村民制定、遵守村规民约。据收集的资料显示，还有不少

的村庄采取类似的做法。如桂林市以推进清廉桂林建设为契机，不断加强清廉阵地建设。在象山区北芬小村打造了“润心田野”廉洁文化教育基地和青年干部教育基地，建设独具特色的清廉村落。该基地采取多种展示手法，沿着彩虹步道以乡村农耕用具和日常物件为设计材料，制作出“勇于担当”“家风古训”“抓铁有痕、踏石留印”等生动的勤廉造型，依次将“幸福都是奋斗出来的”“上善若水·厚德载物”“作风建设永远在路上”三大主题呈现出来，寓情于景色，融意于造型，突显出沉浸性、故事性、教育性的特征。与此同时，还将基地“云端化”，“搬”到网络平台，打破时空限制，使受众群体更广泛。桂林阳朔县白沙镇遇龙村村委深入挖掘本土清廉文化，依托诗人曹邺、《官仓鼠》等人文资源，打造曹邺诗碑廊。曹邺是阳朔籍晚唐现实主义诗人，广西北部地区第一位进士，官至吏部郎中。他疾恶如仇、清廉为官，一生留下许多诗作，《全唐诗》中收入他的诗作二卷共 106 首，厚植遇龙村的历史文化底蕴。曹邺最具代表性且被人们广为传诵的是《官仓鼠》，在该诗中，曹邺以鼠喻人，用“官仓鼠”比喻那些搜刮民脂民膏的官吏，批判性地揭露了当时社会的黑暗。阳朔县白沙镇整理曹邺作品中体现清廉品质的诗词，打造曹邺诗碑廊作为该地的廉政教育基地，以弘扬、传颂其清廉的为官风格。此举为遇龙村指明了新的发展方向，探索出“廉洁文化 + 旅游”的发展之路，同时也让整个村的文化底蕴得到提升。阳朔县金宝乡门楼村在乡纪委的监督和指导下，将平安建设、文明新风，尤其是廉洁自律要求写入村规民约。一直以来，该村村民严格按照村规民约办事，反对铺张浪费，展现出良好的清廉新风尚，以村规村风新风尚孕育节俭“廉”文化，让小村规发挥大作用。雁山区潜经村紧跟当前的新形势、新要求，围绕实施乡村振兴进一步规范村民自治工作，着力抓好村民会议和村规民约，将乡村振兴文明积分、平安建设、回族传统节日、村庄日常保洁、乡村旅游、婚丧嫁娶等内容纳入村规民约，并贯穿村民会议、村民小组会议和村民议事规则中，打造“勤劳、热情、守法、整洁、文明”的特色民族村落。此外，灵川县通过努力协助全县231个自然村制定完善村规民约。

三、“制度固廉”：织牢“防”护网，加强清廉乡村建设的制度保障

制度建设是清廉建设的基本依据和重要保障。在推进清廉乡村建设的过程中，制度先行至关重要。唯有制定切实可行的规范性制度，方能明确各级干部的职责和权限，规范乡村治理行为，在根本上确保乡村振兴工作的顺利进行，确保各项工作均在规则和纪律的框架内展开。合理规范的制度还能为村民提供参与乡村治理与发展的渠道和平台，使他们能够积极发表意见、提出建议，激发村民参与乡村事务的积极性，增强乡村社会的凝聚力和向心力。

（一）“制度固廉”的典型案例

根据清廉乡村建设实施方案，出台并完善一系列乡村治理制度，为相关人员提供明确的工作内容、开展方式的规范性提示与指导。同时，制度亦需明确指出相关人员应避免的行为，以及违反规定将面临的相应惩罚。鉴于制度所具有的指导性和约束性特征，从调研反馈中可以发现，那些治理成效显著的乡

村，其清廉制度往往具有更强的针对性和规范性。以下是几个比较典型的案例。

1. 桂林市荔浦市

荔浦市在2018年成功实现了从县到市的转变，是在国家新一轮撤县设市政策推动下，桂林市所辖范围内唯一一个县级市。它现在直属于广西壮族自治区，并由桂林市代管。荔浦市位于广西东北部、桂林市南部，地理位置优越，处于柳州、桂林、梧州、贺州、来宾五个重要城市之间，全市总面积1758.62平方千米，管辖10个镇和3个乡，人口相对集中，约33万人居住在这片土地上。

笔者在对桂林的调研中发现，自实施清廉乡村建设后，每个地方基本会结合自身原有的制度进行新的修订和完善，以展现清廉在治理中的突出作用。荔浦市努力探索共建、共治、共享清廉基层治理“荔浦模式”——“一站双长”+“一张网”，以提升治理水平，同时出台了一系列规章制度，如《推行村（社区）党群服务站和社会治理“一站双长”“荔浦模式”实施方案》《荔浦市开展“结对共建”推动基层治理实施方案》《荔浦市网格化服务管理规章制度（试行）》《荔浦市专职网格员考评考核细则（试行）》等。以制度护廉，巩固清廉乡村制度保障是笔者在荔浦调研中发现的显著特点，其主要制度归纳如下。

其一，创新监督制约制度。荔浦市通过整合市纪委监委、派驻机构和乡镇纪委力量，围绕清廉建设关键事项开展下沉监督，构建“室组地”联合监督机制。同时，荔浦市开通“信、访、电、网”多方举报渠道，设立村级廉情驿站，推行乡镇纪委公开接访，形成“村务监督委员会 + 党员 + 群众代表”的监督网络，确保权力阳光运行。此外，荔浦市探索建立“1+N”协同督查工作机制，即市纪委监委联合财政、审计等职能部门履行监管责任，对关键领域进行靶向施治，强化源头治理和全过程监管。

其二，构建移风易俗与激励制度。荔浦市在民政局和农业农村局的指导下，充分发挥村民理事会的作用，专门对婚丧嫁娶、孝亲敬老、乔迁履新、环境卫生等方面制定了新的村规民约，尤其明确了农民群众在操办红白喜事时该做什么、不该做什么，倡导什么、反对什么，该制度的目的在于革除陈规陋习，推动乡村社会风气的转变和文明新风尚的树立。荔浦市广安村在农村集体产权制度改革方面进行了创新，采取“土地 + 资金”的方式，坚持党旗领航、公司参与、群众自治，通过“四议两公开”制度动员村民入股，筹资千万元发展乡村旅游，实现集体资产透明化运作。在广安村新黎村屯，通过探索“土地流转 + 乡村旅游”的发展模式和“企业 + 合作社 + 农户”的利益模式，积极打造“水韵黎家”田园综合体项目，并制定了一系列相关制度，使新黎村屯的公共配套设施建设得到完善，同时增加了村民的就业机会。

其三，规范干部管理制度。荔浦市在干部管理方面建立了村干部任职联审制度，实行县乡两级联审机制，严格审查村干部任职资格；出台《村干部队伍管理办法》，坚持考核结果与薪酬挂钩，强化履职激励。出台《向全市非公有制经济组织和社会组织派驻清廉指导员的实施方案》，建立清廉指导员派驻制度，实现融合共建，助力清廉建设提质增效。

其四，搭建协同治理与数字赋能制度。荔浦市通过整合清廉建设、民生资金等八个功能板块，构建清廉建设大数据平台。同时，建立部门联动机制，联合市民政、农业农村等部门协同推进村规民约修订和“积分制”推广，市政法委推进综治视联网建设，市司法局实施“法律明白人”培养工程，形成多部门协同治理格局。

荔浦市通过制度设计构建了“监督 + 规范 + 激励 + 协同”四位一体的清廉乡村治理体系，既强化了权力制约和干部管理，又通过文化浸润和数字技术提升了治理效能，为清廉乡村建设提供了制度保障。

2. 南宁市兴宁区

南宁市兴宁区是广西首府南宁市的中心城区之一，位于南宁市中心东北部，是连接南宁与北部湾经济区的重要枢纽，总面积约 751 平方千米（含部分乡镇）。管辖 3 个镇（三塘、五塘、昆仑）和 3 个街道（朝阳、民生、兴东），下面共设置了 35 个社区居民委员会，40 个村民委员会（含 37 个行政村和 3 个农村社区）。兴宁区户籍人口约 40 万，汉、壮、苗、瑶族等多个民族聚居于此。

南宁市在推进清廉乡村建设的过程中，同样强化了制度建设的工作思路，制定了《大力推进南宁市清廉乡村建设实施方案》，特别是在乡村产业发展和监管治理方面，新制定了相关制度，并对现有的乡村治理制度进行了完善。南宁市兴宁区在推进清廉乡村建设过程中，结合本区实际，围绕制度建设采取多项创新措施，旨在强化基层治理、规范权力运行、保障农村经济健康发展。主要采取了以下几种制度建设的措施。

其一，规范村级财务与“三资”管理制度。兴宁区在财务管理方面严格执行村级财务联审联签程序，全面推行“村财镇管”制度及农村集体经济组织会计委托代理制度，委托第三方会计公司代理记账，委托率达到100%。兴宁区选取了两个地方试点推行农村集体“三资”管理服务平台，在这个过程中，尝试建立健全财务管理、内部控制等制度，并逐步推广至其他村（社区）。此外，为强化对集体资金、资产、资源的监管，兴宁区由纪委监委牵头，多部门联动协同，对农村集体“三资”领域开展联动督查，有效规范村级财务管理。

其二，完善村级事务公开与民主决策制度。为确保村级事务管理有序以及决策透明合理，兴宁区严格执行村级重大事务决策的“四议两公开”程序。具体做法是：遇到重大决策事项，按照“党支部提议—村‘两委’商议—党员大会审议—村民代表会议决议”的议事决策流程，坚持做到决议公开、实施结果公开。此外，坚持村级“四务”（党务、村务、财务、事务）公开制度，细化公开的内容、方式，以保障村民对村情的知晓权、参与权、监督权。

其三，构建基层立体监督网络制度。兴宁区紧紧围绕乡村振兴重点任务，包括农村乱占耕地整治、返贫监测、粮食安全、生态保护等多方面内容，制定监督清单，以便指导村（居）务监督委员会开展有针对性的监督工作，形成一个有效的“发现问题—整改落实—跟踪问效”的闭环机制，建立闭环监督管理机制。此外，兴宁区还实施“两随机”督导机制，即通过明察暗访以及日查夜访的方式，对基层党建和干部履职情况进行检查，确保监督工作的常态化。为了进一步强化纪律约束，政治纪律教育也被纳入村干部年终考核中，从而确保了村干部在执行职责时的纪律性和规范性。

其四，推进“三治融合”乡村治理体系建构。兴宁区秉持“自治、法治、德治”相结合的治理理念，致力于通过建设综治中心、实施网格化管理以及构建信息化平台来加强和改善源头治理工作。与此同时，该区已经实现了40个村（社区）法律顾问的全面覆盖，显著提升了法治保障的水平。除此之外，兴宁区还把移风易俗、家风建设等重要元素融入村规民约中，通过红白理事会、积分制管理等创新方式，鼓励和引导村民积极参与自治过程。如三塘镇围村村试点推行文明积分制度，以此来激励村民遵守村规民约，促进社区和谐发展。

南宁市兴宁区通过精心设计和实施一系列制度，构建了涵盖财务管理、权力监督、民主决策、综合治理的多维制度体系。通过这样的制度设计，兴宁区形成了一个“制度约束+村务监督+群众参与”的立体化治理格局，为清廉乡村建设提供了坚实的制度保障。

3. 北海市海城区

海城区是广西北海市的一个市辖区，具有独特的区位优势，集政治、经济、文化于一体，是北海市市政府所在地，人口约25万。北海市的清廉乡村建设在制度的修订和完善方面展现出独到之处。

其一，打造权力运行与监督制度。除了前述的“四议两公开”议事制度、村级“三资”监管平台等措施，海城区特别注重对“微腐败”的防治，尤其关注怎样才能有效解决经营使用农村集体资产中的不正当操作问题，并加大了从制度上进行规范和治理的力度。通过修订完善村级“小微权力”清单与流程图，依次明确责任主体、操作流程和运行程序，从而引导村干部规范履行职责。海城区的赤西村（获评 2022 年自治区清廉示范村）以村级“三资”管理等十项事务为核心，构建“上级纪检部门 + 村务监督委员会 + 村务监督小组”基层立体监督体系，通过建立联系机制、制定权力清单等十项措施，致力于规范村级小微权力的使用。

其二，建立基层党建与干部管理制度。海城区通过推行星级化管理制度，对村党组织进行星级评定，将清廉建设纳入基层党组织的考评体系。自 2022 年以来，海城区辖区内的行政村中有三分之二获评自治区四星级以上党组织，其中，赤西村为自治区五星级农村基层党组织。在基层组织考核方面，海城区推行“党建积分”考核机制，制定“农村基层党建积分清单”，从组织运转、履职尽责等五个方面细化 28 项任务，实行月度汇报、季度考核和年度评优制度，激励 1300 多名农村党员亮身份、做表率。此外，海城区特别重视村级党员干部的教育与监督，印发《海城区 2023 年农村党员大培训实施方案》，将廉洁教育纳入培训内容，并开展“廉洁家访”和家属警示教育，强化“八小时以外”监督。同时，建立党员干部廉政档案，前移监督关口。

其三，完善村务公开与群众参与机制。海城区为了提高群众参与度和监督力度，将全区 10 个行政村划分为 118 个网格，网格长通过微信网格群实施线上“三务”(党务、村务、财务）公开，实现“大事小事不出村”的治理目标。此外，海城区建立村民议事规则与承诺书制度，召开村民代表大会与村民共同研究制定《乡村振兴议事规则》，推行党员户“一联十”责任制，组织村民签订村规民约承诺书，明确红白事操办标准，遏制攀比浪费风气。截至 2023 年，海城区村民已签订承诺书 8000 余份。

其四，推行积分制与激励机制。海城区积极推进“文明积分”与“清廉积分”有效融合，比如，海城区赤西村制定了《赤西村乡村振兴文明实践积分制度实施方案》《乡村振兴文明实践积分卡制度积分参考标准》，并配套成立专门的积分管理小组、超市管理委员会，将移风易俗、公益事业等行为以量化赋值的方式转变为积分，村民通过参与文明实践活动进行积分，以此兑换生活所需物资，从而实现了用“小积分”兑换“大文明”的目标。这一举措极大地激发了村民的自治积极性，提高了他们参与乡村清廉建设的热情。与此同时，海城区积极推动“星级文明户”评选，将清廉家风、环境卫生等纳入“文明户”“最美庭院”评比标准，通过选树典型、发挥示范作用带动乡风建设。

北海市海城区通过上述制度设计，形成了“权力规范、监督立体、群众参与、积分奖励”的清廉乡村治理模式，其核心在于将清廉建设与基层党建、村务管理、乡风文明深度融合，为清廉乡村建设提供了制度保障和实践样本。

（二）“制度固廉”的实践分析

“清廉乡村”建设是一个全面性、整体性、综合性、系统性的工作，开展此项工作的最终目标是在实现乡村振兴的同时，在各乡村形成干部清正、村委清廉、政治清明、社风清新的新局面，这是深入推进全面从严治党战略部署的实际行动。

“制度固廉”的制度建设在全面从严治党、党风廉政建设中具有基础性作用，同时也是巩固工作成果和长效管理的重要保障。要通过制度固廉行动，着力健全反腐、监督、执纪三大制度体系，形成行之有效的刚性约束和务实管用的长效机制。从上述的几个代表案例来看，当前广西在清廉乡村建设中紧紧抓住制度建设的主线，并在抓这条主线工作中呈现出鲜明特点。一方面，从制度涉及的对象来看，该制度全面覆盖乡村工作的各个领域，不留死角。哪里容易产生清廉方面的问题，就必须以制度形式从源头上防堵，用完善公开的制度使民众深刻明白底线和红线是什么。另一方面，从制度涉及的内容来看，该制度围绕“政治清明、政府清廉、干部清正、社会清朗”的目标，建立涵盖几十项指标的清廉乡村建设标准，通过制度监督固廉，努力涵养风清气正的基层政治生态。

1. 完善建章立制，推动政令畅通、令行禁止

清廉乡村建设启动后，各地都根据工作需要出台了全面实施方案，在自上而下的实施方案里，都是从制度着手开展和推动工作，着重从政治建设、领导机构、队伍建设、决策监督、三资管理、乡风文明等方面梳理、汇总规范村级权力运行的相关制度文件，引导乡村干部带头学习制度，严格执行制度。强化纪律规矩意识，推动村“两委”严格落实“四议两公开”“一约四会”“一村一法律顾问”“三会一课”等工作制度，养成严格按制度办事的履职习惯。

以桂林市为例，自清廉乡村建设工作启动以来，该市成立专责领导小组和工作小组，进一步压实责任，制定出台了一系列方案和制度。市乡村治理专责小组印发《关于建立全市乡村

治理工作联系机制的通知》，用以完善市级架构。市委农办、市农业农村局联合市委组织部、市乡村振兴局等11家成员单位，制定了《大力推进桂林清廉乡村建设实施方案》（以下简称《实施方案》），为清廉乡村建设扎实推进提供指导。通过聚焦清廉干部队伍建设、聚焦清廉制度机制建设、聚焦清廉思想文化建设等“三聚焦”，不断筑牢乡村战斗堡垒、健全乡村治理体系、夯实乡村文化阵地。同时，制定了《清廉乡村建设任务分工表》，对《实施方案》中的3项总措施、12项分措施进行“解剖式”的具体分工，对外明确各成员单位的工作职责，对内明确市局相关科室的工作任务，形成各司其职、齐抓共管、整体联动推进，确保工作扎实开展的良好局面。

由桂林市管辖的各县区也结合《实施方案》要求及本地实际制定出台相关制度。如临桂区六塘镇，该镇在示范点创新建立信访接待日、廉情驿站权利和线索上报等6项制度，扫清乡村振兴建设“微权力”运行及干部作风建设的隐患问题。平乐县桥亭乡显堆村实行党员积分先锋测评与新时代文明实践积分“双积分”策略，建立“爱心超市”兑换积分模式，通过制定积分细则和积分兑换办法，按照公平、公正、公开原则，依托村新时代文明实践站充分发挥党员、人大代表、文明家庭的先锋模范带头作用；通过移风易俗、环境卫生、文明善行、遵纪守法等四个方面开展积分兑换活动；通过制度推动行动自觉。建立健全村级“红白理事会”机制，发挥群众自治组织作用，强化执行监督和通报曝光，推进移风易俗，塑造崇清尚俭、向上向善的乡风民风。截至目前，显堆村委在彩礼、办酒席等方面没有出现违规现象。秀峰区甲山办事处桥头村通过制度建设加强对村级事务决策的过程管理，尤其是建立和落实“四议两公开”制度，大型工程需要经过公开招投标予以公示，消除廉政风险隐患。通过制度管钱，打造清廉财务，切实加强村“三资”管理，严格执行村务监督委员会会签制度，禁止违规审批，收支行为以正规发票为依据。坚持“以公开为常态，不公开为例外”的原则，将村级财务公开在制度范围内进行。

2. 从严监督考核，全面公开透明、防微杜渐

完善制度是织牢笼子的核心所在，但笼子是否能发挥作用，关键还在于执行过程中是否存在严密的监督机制。正如上文中所提及的那些典型乡村所采取的做法，它们不仅仅拥有健全的工作运行制度，还很重视建立一套完善的工作监督机制。这些乡村通过激活基层神经末梢，推进清廉乡村建设走实走深。在完善监督机制中，这些乡村突出了选拔和配备优秀的村级监督力量的重要性，督促镇村支持村级纪检委员、村务监督委员会主任充分履行职责。同时，他们还创新了“小微权力”监督方式。例如，通过设立村级“清风监督员”，或者实施以“党总支+村务监督委员会”为主体的监督形式，不断实施和完善乡村治理的监督体系，其成效是比较显著的。

根据笔者在广西进行的调研和观察发现，许多地方探索的监督考核方式具有创新性、透明性和针对性特点，能起到很好的防微杜渐作用。这种成效性、特色性可以从桂林市的几个不同地方的做法中得以证实。如象山区二塘乡通过整合区纪委、乡纪委、乡村干部、村务监督委员会四支监督力量，设置清廉工作站，并把充分发挥清廉工作站前哨监督作用作为清廉乡村建设的着力点。他们坚持顶层设计与基层探究良性互动，提高

履职效能，把自上而下的专责监督与自下而上的群众监督相结合，成为社情民意的“收纳站”“汇合站”，甚至是“解决站”。此外，制定五大方面监督任务清单，直白明确地规定监督内容、方式以及工作机制，将监督责任压紧压实。再如，临桂区黄沙瑶族乡致力于通过监督手段促进廉洁治理，对监督内容进行了细致的划分，有效地打通监督“最后1公里”的难题。该乡特别关注乡村振兴政策的贯彻执行情况，重点监督惠民富民项目的申报和实施过程、资金的管理和使用情况、补助的审核和发放流程。针对资金违规使用的突出问题，他们运用民生资金平台，收集、公开各类惠民资金的相关信息，排查问题线索。此外，该乡围绕瑶乡生态、绿色发展思路，特别加强了在违规开采、违规占用耕地等领域的执纪问责力度，从严查处违规违纪违法的责任人员，从而形成了强大的震慑力，确保了公共资源的合理利用和乡村的可持续发展。

为了提升制度的透明度和公开性，各地普遍的做法是充分利用官方网站、广播电视、微信公众号、短视频平台等媒介，印发宣传彩页、海报、展架、传单等材料，大力宣传推广清廉乡村建设相关制度。这些制度的重点是紧盯乡村基础工程建设、“三资”管理、惠农惠民政策等关键领域，通过各方平台、渠道梳理和公开“小微权力”监督事项清单，确保村级事务在阳光下运行。从实施效果来看，自清廉乡村建设工作实施从严监督考核以来，许多乡村信访矛盾明显减少，党群干群关系日益融洽，大部分乡村实现了财务收支零违规、村级事务零投诉、党员干部零违纪的目标。

3. 注重机制创新，实现个性管理、规范有序

制度建设如果只是互相参考，照样滥用，容易在运行管理中出现形式主义。笔者在调研中确实发现有的乡村制度建设只是流于形式、应对检查，制定的内容没有现实性和操作性，从制度条例上可以看出是模仿照抄其他制度以滥竽充数。但从调研的典型案例中又可看出，做得好的乡村都有一个鲜明的特点，其制度出台是结合本村实际，通过村民集体民主讨论形成的，所以在制度推进中实现了个性化管理，在清廉乡村建设中显得规范有序，很多做法都有创新意识，成效显著。

例如，桂林市临桂区六塘镇岚岩村在推进制度建设中创建“廉情驿站”管理机制。分区域分户网格化监督管理，协助镇纪委查处风貌提升改造建设中的“四风”问题，提供坚强纪律作风保障。通过“廉情驿站”做实做细产业监督，督促优化六塘原种蔬菜产业结构，协助参与拓宽销售渠道，线上引进京东农场，线下与力源等生鲜超市合作。同时参与乡村经济组织，村投、城投，产销一条龙监督，消除风险。通过落实廉情驿站工作人员值班制，联合村务监委主任汇报、纪检干部走村入户、村民理事会日常走访等方式收集群众信访诉求及难事，采用“你点单，我监督”的监督模式梳理清单，重点对涉农补贴、项目、产业资金等进行“靶向”监督，着力解决群众的“疑难杂症”。再如，灵川县大圩镇以村“两委”换届选举为契机，在秦岸村村委下辖 9 个自然村探索建立村务监督小组，构建了一个“协作区 + 村务监督委员会 + 村务监督小组”的立体监督模式，通过发挥民主监督协同配合，构建大监督格局。一方面，是探索将村务监督委员会延伸到村民小组，扩大监督力

量。村务监督小组由村民民主推选产生，一般由3人构成，履行村务监督委员会赋予的职责，对村务监督委员会负责。强化经费保障，村务监督委员会一般由3人构成，其中主任1名，委员2名，镇政府每年在预算中安排专项工作经费，主任每人每年1000元，委员每人每年800元。另一方面，通过充分利用灵川县监督执纪问责协作区的优势，构建区域联动工作机制，切实解决基层执纪监督力量不足的困境。该县通过“双向赋能”模式强化监督体系，将村务民主监督与协作区专责监督进行有效衔接。依托协作区，构建多维度的监督网络：组织专题培训提升村屯两级监督队伍履职能力，建立定期汇报机制掌握基层动态，开展实地走访强化过程监督，畅通民主监督举报渠道，优先处置民主监督中发现的问题，实现基层民主监督和纪检监察专责监督的协同配合，有效形成监督合力。

在这些创新机制中，这些示范乡村还特别强化问题意识，抓住乡村的突出问题出台相关的制度，以制度保障问题的解决。笔者在荔浦市马岭镇调研时发现，该乡镇坚持问题导向和需求导向，在马岭镇广安新黎村屯开展屯级事务监督管理改革试点工作，助推清廉乡村建设。一是调整充实“集民智”，完善监督小组工作规程。组成“新黎村屯屯务监督小组”，制定工作规程，该监督小组在村民大会和村民代表大会的授权下，能够代表村民对村屯各项活动实施进行全过程、全方位的民主监督。二是建言建议“纳民意”，规定监督小组职权范围。屯务监督小组成员，重点围绕事关本村屯经济社会改革发展、和谐稳定的大事难事以及群众切身利益相关的小事急事，直接深入群众中收集各类意见或建议，并进行认真梳理归纳，及时向屯党小组、村民理事会进行反馈与汇报。通过这样的方式，构建起“屯党小组领导 + 村民理事会参与 + 合作社积极带动 + 村民广泛参与”的新工作格局。三是决策执行“惠民生”，提升监督小组监督效能。突出日常监督，创新基层社会治理制度的监督机制，制定了新黎村屯微权力运行流程图，明确执行主体、程序步骤，落实“小微权力”责任清单。四是创新监督小组公开方式。新黎村屯“水韵黎家”景区的旅游项目是集全屯群众之力，由群众自筹近千万元资金和土地流转，以“入股 + 分红”模式发展集体经济。为规范管理新黎村屯集体资金，消除廉政风险隐患，屯务监督小组明确了屯务公开内容，同时不断创新公开机制，从上墙公开、会议通报向网络公开延伸，在外务工的村民也能通过微信群看到屯内各项重大项目、重点工作的落实情况，调动了群众“自己事自己办”的积极性和主动性。

综合以上实践案例，各村总体上在清廉乡村建设中都有自己的特色，但都以发挥村务监督委员会职能职责为抓手，规范“小微权力”，紧盯工程建设、“三资”管理、惠农惠民等事项，梳理完善“小微权力”监督事项清单并在各种平台公开，促进村级事务在阳光下运行。同时，聚焦公开透明，能充分利用各类媒体媒介，大力宣传监督意识和方法，从而不断完善基层治理体系，筑牢清廉建设的乡村基础。

第五章　新时代广西清廉乡村建设的实践经验

清廉乡村建设自实施以来，各地积极探索和创新工作思路，清廉乡村建设取得实质性成效。党的二十大报告提出要“以中国式现代化全面推进中华民族伟大复兴”[①]的中心任务，中国式现代化不是单纯追求经济的快速增长，而是共同富裕的现代化。这种共同富裕的现代化理念强调的是均衡发展，实现城乡融合发展，破解城乡间不平衡、不充分的瓶颈问题。清廉乡村建设不仅关乎乡村治理的现代化，也是推动城乡融合发展的基础。为此，清廉乡村建设在推进过程中必须与党的二十届三中全会提出的进一步全面深化改革的具体举措结合起来，确保改革的每一个环节都符合清廉的要求，不断探索提质增效的路径。

从广西的实践来看，提质增效的目的是沿着《大力推进广西清廉乡村建设实施方案》的目标要求，以“纵深推进清廉乡村建设引领乡村治理现代化”为工作主线，着力解决基层群众

① 习近平．高举中国特色社会主义伟大旗帜 为全面建设社会主义现代化国家而团结奋斗 [N]. 人民日报，2022-10-17（02）.

反映强烈的乡村治理突出问题，纵深推进清廉乡村建设，引领乡村治理现代化。笔者通过调研思考、综合政策要求和社情民意，梳理广西清廉乡村建设工作的实践情况，可以看出，广西在推进清廉乡村提质增效中形成的经验主要体现在以下四个方面。

一、坚持党建引领强基础

清廉乡村建设是清廉桂林建设的重要单元，也是进一步推进乡村振兴事业的重要内容，更是新时代基层治理创新的实践路径。为构建全方位推进与纵深突破的工作格局，需要以“干部队伍清正廉洁、权力运行公开透明、乡风民俗淳朴文明、党群关系融洽和谐”为建设标准，瞄准重点难点任务，建立目标引领、问题倒逼、考核驱动的推进机制，切实把清廉乡村建设各项清单化工作抓细、抓实、抓好。在落实这些目标的过程中，广西实践探索出以党建为统领的协同治理模式，通过整合多方资源形成共建合力，确保清廉乡村建设始终沿着正确的轨道稳步前行。

（一）注重发挥党组织核心作用

为了确保清廉乡村建设工作的顺利进行，我们必须坚守党管全面的原则，坚持在党的领导下全面部署和推进。因此，各地应当以基层党组织为核心抓手，推动村“两委”班子在落实廉政责任方面起到带头作用。通过采取“党员示范岗”“廉政承诺书”等形式，进一步强化基层党员干部廉洁自律意识，促使党员干部在工作中能够自觉遵守廉洁自律的各项规定，为乡村的清廉建设树立良好的榜样。

笔者在调研的过程中了解到，尽管广西各地在清廉乡村建设的初始阶段都以党委名义成立了工作领导小组，但具体工作的执行与落实主要由农业农村局牵头开展，此项工作要想顺利进行和高质量推进，需要多个部门的综合发力和共同协作。而多部门的交叉协作需要对各自的责任进行明确和细致的划分。在起步阶段，清廉乡村建设实施方案在横向涉及的部门较多，在纵向涉及的层级较深，且大部分部门尚未行动起来。从收集到的相关资料来看，大部分部门的工作动态并未有所体现，许多乡村尚未搭建起相关的工作框架，也未建立完善的档案材料。即便存在相关材料的乡村，其所汇报的内容、展示的成效和具体的做法，仍然沿袭了之前新农村建设、乡村治理、美丽乡村、党史活动等项目的内容。

从调研反馈来看，广西各地的农业农村局意识到，仅凭其一局之力，难以有效统筹协调其他同级部门，职权范围的限制以及人力资源的不足，都是明显的障碍。尽管各县区已成立由相关部门领导组成的领导小组，但领导小组的职能尚未得到充分发挥，一些部门只是发挥挂名、参会、应付性提交材料的作用。为了推进清廉乡村建设工作，必须加大对领导小组职能发挥的评估与考核，促使各部门明确自身的责任，并能主动作为。领导小组应结合各村实际情况，提出具体的发展策略，以满足清廉乡村建设实施方案提出的新要求和新规范，这是促进清廉乡村建设的重要环节。要解决当前状况并全面有效地提升清廉乡村建设工作的质量与效率，关键是要进一步压实责任，特别是将责任细致压实到相关区域和部门。在压实责任后，各部门才能真正主动谋划、寻求创新和突破，促进清廉乡村高效发展。

而压实职责关键在于要进一步发挥基层党组织的核心作用。

一是强化乡村基层党组织的政治功能和组织功能。强组织，应该要把强组织的作风和组织的能力放在首位。党的二十大报告指出，要“坚持大抓基层的鲜明导向，把基层党组织建设成为有效实现党的领导的坚强战斗堡垒”[①]。乡村基层党组织是党的细胞，是党在乡村全部工作和战斗力的基础，是团结带领乡村群众建设社会主义新农村的战斗堡垒，乡村一切工作能否取得突破和成效，关键要看乡村基层党组织的政治功能和组织功能能否发挥作用。笔者在调研中明显体会到，清廉乡村建设工作抓得比较有特色的乡村，其党组织的政治功能和组织功能都发挥得很好，这些乡村有个共同特点，他们能推进农村党组织分类管理，抓实抓细农村基层党组织星级化管理。为全面夯实乡村党组织的基础，广西出台了《广西壮族自治区行政村党组织工作规则》，全面推行村级重要事项决策“四议两公开”机制和自然屯“一组（支）三会三公开”协商治理机制，持续推进落实村党组织书记按照法定程序担任村委会主任村集体经济组织负责人和村党组织委员或党员担任村级各类组织负责人机制，不断加强村党组织对村级各类组织的统一领导。笔者在调研中发现，清廉乡村建设工作做得好的乡村都能全面落实好相关政策举措，抓好乡村党组织建设，把基础工程抓好，从而有力推进乡村事务的发展。

二是强化乡村带头人队伍建设。强有力的组织关键要有

① 习近平．高举中国特色社会主义伟大旗帜 为全面建设社会主义现代化国家而团结奋斗 [N]. 人民日报，2022-10-17（02）.

"领头羊"，而乡村党组织的"领头羊"就是村"两委"干部。广西在推进清廉乡村建设工作中，开展"头雁提升"行动，选优配强村党组织带头人。调研相关乡村和查阅网上相关信息报道可知，广西各地持续开展乡村振兴专题培训，抓好村干部在职大中专学历教育，分层分类对村干部进行培训。压实县乡党委主体责任，对村"两委"干部职责进行更具体、更有针对性的管理，如村党组织书记要加强县级备案管理，对在乡村任职的村"两委"干部的任职资格进行严格和规范的联审和岗位目标管理考核等。特别是针对乡村任职涉及的经济管理问题，规范了经济责任审计，对经济问题进行强化监督，做到巡察覆盖不留死角和空间，并制定完善定期分析研判制度。在农村带头人中，村干部中的"一把手"是重点监督对象，对这种"关键少数"对象的监管应直接细化到日常中，对其进行全方位管理和经常性监督。笔者在调研中发现，有些乡村在强化带头人队伍建设中还能做到提前谋划，实施好村级党组织带头人后备力量培育储备，有的制订了三年行动计划，有的有五年行动计划等。对村委干部来说，清廉乡村建设工作要出成效必须密切关注村"两委"干部的"微权力"。广西在推进清廉乡村建设工作中，较有成效的乡村突出的特点是能强化村级常态化审计工作机制。这些乡村特别注重加强农村集体"三资"管理监督，认真贯彻落实党中央和自治区关于加强农村集体资产审计监督的有关规定，强化农村集体经济组织审计监督。笔者从查询到的相关资料和座谈交流中了解到，当地党委对乡村经济管理事务监管非常规范和严格，经常指导乡村规范做好日常财务收支，会定期对乡村财务进行审计，特别是村干部任职和离任都会进行专项审计，构建有完善的问题移交、责任追究和问题通报等制度，从源头上做好预防，减少和杜绝侵占乡村集体资产的非法行为。在南宁、崇左、桂林等地市制定出台的相关制度中，都能看到具体要求，要依据《中共中央 国务院关于稳步推进农村集体产权制度改革的意见》(中发〔2016〕37号）规定："对集体财务管理混乱的村，县级党委和政府要及时组织力量进行整顿，防止和纠正发生在群众身边的腐败行为。"[①]而在各地纪律通报的相关违纪案件中，也都看到有类似的案件被从严加重处理。

三是要强化乡村党员干部理论武装。基层党组织要建成坚强的堡垒，除了抓组织能力、村"两委"干部外，还必须把农村一线的基层党员武装起来，培养成能战善战，有情怀、有担当、有能力且作风过硬的队伍。笔者在调研中发现，广西各地在推进清廉乡村建设中都充分意识到了队伍建设的重要性。在党中央全面推进从严治党的部署下，各地结合基层党组织建设的实际，都注重农村党员素质的提升工作。许多乡村基层党组织充分意识到必须重视理论素养的涵养，通过加强学习和实践运用，不断巩固和拓展学习贯彻习近平新时代中国特色社会主义思想主题教育成果。从当地媒体和网络相关信息来看，在理论武装方面，乡村干部非常重视将党纪教育贯穿理论学习教育中。自党的十八大以来，党中央强化了基层党组织建设，为使乡村党组织建设摆脱软弱涣散的问题，在清廉乡村建设中，广

① 中共中央 国务院关于稳步推进农村集体产权制度改革的意见 [N]. 人民日报,2016-12-30(01).

西各地坚持做到从规范党内生活入手。2024年全党开展党纪教育后，各地都扎实开展农村党员干部党纪学习教育，进一步严明政治纪律和政治规矩，通过狠抓农村党支部“三会一课”，将清廉乡村建设工作与党纪学习教育结合起来，组织党员原原本本地学习《中国共产党纪律处分条例》，促使农村党员干部理论武装意识、党规党纪意识不断得到增强。笔者在深入一些乡村调研时发现，乡村基层党组织能将政治纪律规矩和清廉思想、清廉制度、清廉规则、清廉纪律、清廉文化纳入村干部培训内容，建立健全班子廉政档案，形成全方位监管机制。在查阅一些乡村清廉建设的资料时还发现，有的乡村为了强化农村党员理论武装意识和水平，设立有党建清廉微课堂、清廉乡村文化大讲堂。在形式多样的活动中，还可看出他们注重运用典型示范、案例警示、知识竞赛、关爱关心谈话、书记上党课、文艺会演等主题活动的形式和载体，有针对性地抓好基层党员干部理想信念宗旨教育、党章党规党纪教育和形势政策法规教育，引导农村广大党员干部不忘初心、牢记使命，进一步巩固廉政思想。

（二）注重将党建与清廉紧密融合

推进清廉乡村建设工作，必须坚持党的全面领导。广西在推进清廉乡村建设工作提质增效中，突出亮点是将清廉建设纳入基层党建考核，定期开展警示教育，组织党员学习典型案例，筑牢思想防线。乡村党建工作涉及面广、内容多、任务重，因此必须紧扣中心工作来开展，清廉乡村建设工作是乡村振兴工作的必要助力，必须上升至乡村中心工作抓牢抓实。广西在启动清廉乡村建设工作后，坚持将党建与清廉紧密融合，有效促进了清廉乡村建设工作的进展，取得了极好的成效。

一是扎实推进村级事务阳光工程。笔者在调研中发现，清廉乡村建设工作实施后，广西大部分乡村在原来事务公开的基础上进行更规范、更细致的梳理调整。总体上呈现出两大鲜明特点，首先是清单化管理，许多乡村都出台了《村级事务公开目录》，明确公开事项，包括财务收支、项目招标、惠民补贴、集体资产处置等，确保“应公开尽公开”。笔者在贵港市、桂林市调研和座谈中了解到，这些市属的乡村大部分推行“三务公开”标准化模板，也就是党务、村务、财务分类公开，要求各村按季度更新，并通过线上线下双渠道公示。除了清单化管理，广西的乡村还注重流程透明化。笔者发现，取得较好成效的乡村都在推广“四议两公开”工作法，即党支部提议、村“两委”商议、党员大会审议、村民代表大会决议，结果公开、实施过程公开，确保重大事项决策程序规范。在百色市的调研中，笔者了解到部分乡村引入“流程图解”，将复杂流程简化为村民易懂的图表形式。在桂林市调研中还了解到，桂林大部分乡村推广“村务监督云直播”等经验做法，推进党务、政务、事务、财务、服务公开常态化，让权力在阳光下运行。健全村级事务评价考核机制和村级组织工作事项准入机制，制定出台相关清单指导意见，进一步规范和明确“小微权力”的监管重点和监管方式，确保在权力清单和规范流程的范围内规范运行村级权力。在南宁、柳州、桂林等地都有乡村稳步推广运用积分制、清单制等务实管用的乡村治理方式，提高行政村推广运用覆盖率。严格落实村集体资产监管规章制度，全面推行村级会计委托代理服务。加强对“三重一大”有关事项决策和农村集体资产监管情况的监督指导，严查村级财务收支、资产资源经营工程项目管理等领域存在的违规违纪违法行为。

二是探索村党组织领导下的“村社分离”。“村社分离”是指将村民委员会（行政职能）与村集体经济组织（经济职能）在组织架构、职能定位、财务管理和监督机制上进行分离。通过党组织统筹协调，明确权责边界，形成“村党组织领导、村委会自治、村集体经济组织市场化运营”的治理模式，旨在防范权力寻租，保障集体资产安全。清廉乡村建设工作开展后，广西多地出台《村级集体经济组织管理办法》，明确村“两委”不再直接参与集体经济经营活动，仅负责监督和指导。例如，南宁市要求村党组织书记通过法定程序兼任集体经济组织负责人，但具体经营由专业团队或职业经理人负责。桂林市的乡村严格落实《广西壮族自治区村级组织财务管理暂行办法》，渐进有序地推进村民委员会和村集体经济组织财务分开，分设会计账目和银行账户，各自独立开展财务管理活动。这种做法是为了进一步梳理清楚村级组织的职能关系，在有法有规可依的情况下，促使村民委员会和村集体经济组织在各司其职、各尽其责的基础上相互支持、相互配合，以形成村级治理的合力。笔者在调研中了解到，广西清廉建设工作在许多乡村取得成效的关键就是充分调动了各方积极性，厘清了原本模糊不清的权责，促使农村集体经济组织能够严格执行《农村集体经济组织会计制度》的规定，规范农村集体经济组织会计核算。这种做法的成效首先体现在遏制“微腐败”，提升治理公信力，集体经济领域信访举报量下降，大部分村民认为“村社分离”后村务更透明，对干部的信任度显著提高。其次，是激活集体经济，促进乡村振兴。2023年，广西村级集体经济总收入达65亿元，同比增长18%，其中通过专业化运营的合作社贡献超70%。如贺州市某村通过“村社分离”引入电商团队，将特色农产品销售额从年均50万元提升至300万元。最后，推动村民自治与市场化接轨。在专业团队介入后，广西许多集体经济项目亏损率开始有所下降，村民参与度明显提高，股权量化使村民主动参与监督。如北海市某合作社召开分红会议时，村民到会率从过去的40%升至90%。

三是完善民主决策和民主监督机制。清廉乡村建设工作开展后，广西通过制度创新、技术赋能和群众参与，构建了乡村民主决策与民主监督的完整体系，有效提升了治理透明度和村民自治能力。一方面，严格按照“四议两公开”程序决策实施，确保重大事项决策程序规范。例如，百色市某村通过该流程表决通过农田水利改造项目，村民参与率达80%，项目资金使用零投诉。另一方面，规范引导村民议事常态化。有些乡村设立“村民议事厅”，每月定期召开会议，村民可对村级事务提出建议并参与表决。如桂林全州县毛竹山村和河池市金城江区部分乡村均采用此类做法。此外，为拓宽民主决策的广度和宽度，有些乡村还创新开展了“云直播”民主决策试点，外出务工人员可参与线上直播的村民代表大会，通过弹幕或连线实时发表意见。如南宁市武鸣区某村通过直播表决“村集体鱼塘承包方案”，外出人员投票占比达30%。有的乡村利用桂农惠App、微信群等平台发布议题预通知，供村民线上提交建议。如柳州市某村通过线上征集、筛选“村道亮化工程”优先实施项目，将决策周期缩短了一半。笔者在桂林调研时了解到，当地以全市的规范文件落实乡村“一把手”监督工作法，决策内容明确应当“一事一议”，为了使监督考核有迹可查，还特别强化了会议记录的规范性。笔者通过实地调研查看会议记录，大部分乡村做到公开透明、清楚翔实。从会议记录看，大部分乡村在决策时能规范实行“一把手”末位表态制度，并坚持做到重大事项会议有村民代表参加，村民也可以列席参加招投标现场，对重大事项运行各方面都能及时、全面、规范地进行从严监督。特别是针对村“两委”干部涉及经费使用、民主事务决策管理方面较容易出现的问题，能坚持做到倒查村务监督委员会主任责任。此外，在乡村一级加强了村民代表队伍建设，因为村民代表素质的高低直接关系到乡村清廉建设的好坏。大部分乡村广泛建立覆盖各层面的民情恳谈会、事务协调会、民主议事会，引导村民参与村级事务决策、管理和监督，确保村民代表能够依法、自愿表达意见。

二、坚持制度建设为主线

清廉乡村建设工作开展后，广西坚持以制度建设为主线，通过不断出台和完善相关制度，指导和推进工作开展。在清廉乡村制度中，广西主要通过系统性设计、多维度创新和全链条监督，构建了覆盖权力运行、事务公开、监督问责、文化培育的完整制度体，有效遏制了基层“微腐败”，提升了乡村治理现代化水平。归纳起来，广西清廉乡村建设工作构建“四位一体”治理体系，主要包括以下四个方面的制度。

（一）组织保障制度

清廉乡村建设必须坚持党的全面领导，这是工作能得以推进并不产生偏移的基础和保障，所以必须首先出台和完善党建引领机制，明确村党组织对清廉建设的领导责任，推行“党建+清廉”考核制度，将清廉建设纳入村级年度目标责任书。清廉乡村建设工作开展后，从中央到地方出台的实施方案和制度都在强调保障的重要性。2019 年，中共中央办公厅和国务院办公厅联合印发的《关于加强和改进乡村治理的指导意见》中就指出：“到 2020 年，现代乡村治理的制度框架和政策体系基本形成，农村基层党组织更好发挥战斗堡垒作用，以党组织为领导的农村基层组织建设明显加强，村民自治实践进一步深化，村级议事协商制度进一步健全，乡村治理体系进一步完善。到 2035 年，乡村公共服务、公共管理、公共安全保障水平显著提高，党组织领导的自治、法治、德治相结合的乡村治理体系更加完善，乡村社会治理有效、充满活力、和谐有序，乡村治理体系和治理能力基本实现现代化。”[①] 这个总目标的提出，事实上是清廉乡村建设的保障，也是清廉乡村建设最终要实现的蓝图。根据这个目标思路，广西在出台《关于全面深化清廉广西建设的意见》时就首先提出，要贯穿严的基调，持续巩固风清气正的政治生态，针对清廉乡村建设推进中的作风和动力问题提出进一步明确的要求，目的就是要消除清廉乡村建设工作进程中遇到的阻碍。在地市县出台的具体方案和意见里都针对各地实际情况，及时对推进工作中遇到的实际困难有针对性地出

① 中共中央办公厅 国务院办公厅印发《关于加强和改进乡村治理的指导意见》[EB/OL]. 新华网 .(2019-06-23)[2025-02-23].http://www.xinhuanet.com/politics/2019-06/23/c_1124660343.htm.

台相应的制度。如贵港市编制“权力运行流程图”，制定《村级小微权力清单》，梳理村级重大决策、工程招标、资金使用等 12 类 45 项权力事项，明确流程与风险点等控制制度等。

（二）事务公开制度

清廉乡村建设属于正风肃纪、营造清正廉明社会风尚的内容，必须使各项村事村务更规范更透明。在制度建设层面，广西各地乡村都紧紧抓住事务公开这一重要项目。普通老百姓最为关注的是干部是不是公正清廉，而要让老百姓享有知情权最为重要的是在事务公开上做足文章。村级大小事务该公开什么？公开到什么程度？用什么方式公开？公开多久时间？这些都要有大家统一的、能接受的规定。有章可循、依规行事，才能让群众切实感受到公平正义、村治清明，这是从源头上杜绝腐败，从根源上密切关注群众最为关切的内容。笔者在调研中发现，广西出台了全区规范化的标准化公开目录，自治区级层面出台了《村级事务公开规范》，细化财务收支、集体资产、惠民政策等八大类 32 项公开内容，规定线上线下同步公示；许多地方还考虑到乡村群众忙于农务或关注意识不强的问题，延长了信息公开时长，如南宁市要求公开信息保留期不少于三年。广西壮族自治区党委农办、农业农村厅等八部门联合印发的《广西加强和改进乡村治理五年（2021—2025 年）行动计划》中指出，要深入实施村级“三务”阳光工程。对乡村中党务、村务和财务必须进行阳光化管理和监督，把知情权还给民众，并进一步健全村务监督委员会，完善务实管治，切实提升监督实效，实现公开经常化、制度化和规范化。针对这些具体制度要求，有的乡村建立了动态更新机制，建立“季度更新

+即时公开”制度，重大事项需在决议后72小时内公示。这些规章制度的出台，由当地党委严格落实，如柳州市柳江区某村村委会因延迟公开征地补偿款而被问责。

（三）监督问责制度

事务公开是把知情权还给村民群众，知情的目的是更好地促进事务开展，促进事务依法依规推进就必须把监督制度规范完善好。广西在推进制度化建设中，把监督问责制度与事务公开制度放在同等重要的位置上，让公开与监督成为常态化机制并在群众中形成共识。广西壮族自治区党委政府出台的《关于进一步加强和改进乡村治理的实施意见》中，就明确指出要强化法治保障治理的法律服务水平，积极推进村民自治的规范化建设。法治保障和自治规范化建设的核心内容之一就是要把监督问责机制完善起来。为严格落实好这一具体目标举措，《大力推进广西清廉乡村建设实施方案》里就明确指出，要加强对村“两委”干部的监督问责，重点要将政治纪律和政治规矩作为监督考核的内容，针对乡村振兴事业推进中“三令五申”明确禁止的行为依然我行我素的，要从重加重处分。方案还进一步明确村“两委”干部的监管职责要体现在联系群众是否密切、工作纪律是否规范严明、自身形象是否公道正派上。为推进村“两委”干部作风整体持续好转，方案里提出清廉乡村建设中专责领导小组要切实行动起来，针对群众反映的突出问题和重要节日容易滋生腐败的问题，要经常性开展督查，要点名道姓地搞公开警示教育，形成高压态势。对村“两委”干部容易出现的“微权力”滋生腐败问题，明确要求各地要出台完善的机制，特别是要加强对乡村一级经济财务的管理和与乡村集体“三资”方面的监管。要探索和逐步推行乡村集体经济组织会计委托代理制度等，使乡村集体资源交易更规范，指导村务监督委员会成立和发展，使其运行更加有序，使基层集体“三资”监管机制在多维监管下运行更为科学。从调研实况来看，在笔者走访的乡村中，大部分乡村能够按照具体的要求，自上而下形成了三级监督网络，构建“村监委会日常监督 + 乡镇纪委专项监督 + 县级巡察”体系。这种监督体系的成效是比较明显的，如 2023 年玉林市通过该网络查处村级违规问题就达 127 起。此外，广西在监督体系中还有一个重要亮点机制，就是建立了交叉审计制度，推行“跨县审计”“异地交叉检查”，打破“熟人社会”干扰，如 2023 年全区审计整改问题资金超 2.3 亿元。

（四）文化培育制度

从调研结果来看，清廉乡村建设工作，文化是基础、是主导、是促力，也是清廉成果得以进一步巩固的根基。清廉乡村建设是一项系统工程，所谓系统就不是单一的，而是互相交织、互相合力的，参与者也是推动者。要注重示范带动和经验总结，通过评选先进、宣传示范，在社会上形成良好的清廉文化氛围，从而加深各界对清廉乡村的认识，最终形成多方合力推进清廉乡村建设工作。笔者从调研中了解到，广西各地做得比较有成效、有亮点的乡村都是抓住了“文化促廉”这根线，充分发挥了文化教育在其中的作用。但是文化要起作用就必须有文化的培育机制，只有文化培育机制完善，才会促进文化活动的发展。通过搜集和查阅桂林、崇左等市出台的相关实施方案发现，这些地市都有明确的地方文化保护和利用机制，只有扎根本土特色，利用好本土特色资源，开展的文化助廉活动才能真正有成效。正因如此，许多乡村的家风文化、名人文化都成为重要的清廉文化资源，而这些乡村也都会针对这些文化资源出台相应的保护与宣传办法，清廉乡村建设工作相关的考核机制也会把文化培育机制的建立与完善纳入考评体系。正是因为有了这些行动，很多乡村自觉形成了廉洁教育常态化，他们将清廉教育纳入“三会一课”，有意识地将其融入乡村文化宣传舞台，有的乡村甚至开设乡村“廉政微课堂”，每年组织村干部和基层党员开展“廉政轮训”。大部分乡村在清廉乡村建设工作开展后都第一时间针对原本的村规民约进行更系统化的梳理和调整，原先没有村规民约的乡村也第一时间出台并制定完善，廉洁条款是必须写入村规民约的内容。有的乡村规定“村干部收受礼品价值超 200 元须报备”，有的针对红白事送礼金额、参与人数、办事规模都有明确规定，有的还会针对当前天价彩礼的问题，及时提出彩礼不得超 3 万元的规定。这些带有本地乡村实际特点和浓厚廉政气息的文化机制，有效促进了清廉乡村建设工作，成为广西清廉建设工作的独特范本。

综合来看，广西在清廉乡村建设推进工作中，通过以制度为主线推进乡村清廉建设的特点是鲜明的，成效也是显著的。广西通过“制度管权、科技控权、群众督权”的协同创新，实现了从“应急式反腐”向“长效化治理”的转变。这一模式不仅为基层权力戴上了“紧箍咒”，更通过透明治理释放了乡村振兴活力，为全国提供了“制度防腐”的南方样本。当下，广西首先要克服的是制度执行的偏差问题，有些乡村，特别是那些不具备示范带动作用的偏远乡村存在“文件上墙、行动滞后”现象，村务公开内容和乡村治理制度仍流于形式。其次，还要破解好技术应用瓶颈和人才支撑不足问题，部分老年村民难以适应数字化工具，线上监督参与率不足；专业化财务、审计人员短缺，不少村子由乡镇干部兼职代理。这些问题若不加以有效解决，再好的机制也没有办法执行，但笔者坚信，再大的问题也可以通过更好、更科学、更完善的机制去破解。未来，广西将在制度落地“最后一公里”、代际数字包容、专业化人才储备等领域取得持续突破，推动清廉乡村从“建设”向“深化”跃升。

三、坚持文化培育成特色

广西推动清廉乡村建设工作注重文化培育机制的建立和完善，其取得最大的成效和亮点也表现在文化培育上。从调研结果来看，自实施清廉乡村建设工作以来，各地都在积极探索工作突破口和创新点，充分利用本村传统文化特色成为广西各地一致采用的方式。实践结果证明，这种做法是正确的，清廉乡村建设中的文化培育是推动基层治理现代化、涵养文明乡风的重要抓手。广西的做法形成了独特的经验，也形成了自身的特色。归纳起来，一方面是挖掘本土廉洁文化，厚植清廉根基；另一方面是创新文化载体，增强传播实效。在挖掘本土廉洁文化过程中，广西特别注重将家风家训与村规民约融合，许多乡村挖掘本土历史文化和优良家风故事，将其转化为廉洁教育的生动素材，巧妙地将清廉格言、家风家训融入村居建设，设置“廉心亭”“清廉长廊”等景观，让村民在日常生活中接受廉洁文化熏陶。有的村通过绘制廉洁文化墙、悬挂楹联等方式，将廉洁元素与村规民约结合，推动文明乡风建设。在本地文化资源中，除了传统家风文化，红色文化资源是更为典型和更有特色的乡村廉政文化资源。广西坚持将红色文化与民族特色结合起来，形成独具民族特色的廉洁文化载体。笔者在调研中发现，大多数红色文化资源丰富的乡村，在清廉乡村建设中被树立为示范乡村，它们将廉洁文化与乡村旅游结合，实现文旅与廉洁教育的双赢。除了充分挖掘和利用本土廉洁文化资源推动清廉乡村建设工作，广西还坚持创新乡村文化载体，增强本地清廉文化传播实效，在宣传方面，多元化的宣传形式形成了广西丰富的活动展现风格。各地会采用群众喜闻乐见的方式传播廉洁文化，如编排清风剧目、拍摄廉洁影像、制作手工艺品等，让廉洁文化“可视、可感、可触”。有的村通过“小板凳”宣讲队，用乡土化语言讲解《诫子书》等经典名篇，并结合真实案例剖析，提升村民的廉洁意识；有的村通过彩调、文场、木偶戏等形式讲述一个个生动的家风廉洁故事。除了宣传形式多样，广西各地还特别注重将宣传融入日常生活场景，许多乡村将廉洁元素融入乡村建设，通过廉洁文化街、宣传栏等载体，形成“崇廉敬廉”氛围。有的村还会推行公民道德积分制，将廉洁行为量化管理，激发村民参与基层治理的积极性。在文化培育中，广西的几个重要着力点主要表现在以下方面。

（一）抓好乡村精神文明建设

长期以来，乡村思想道德建设大部分靠村民传统思想自觉涵养，有些地方村风良好，但有些地方乡村道德文化存在较多糟粕，急需充分弘扬和践行新时代中国特色社会主义核心价值观。实施清廉乡村建设工作后，广西在乡村文化中紧紧抓住乡村思想道德建设工作，深化文明家庭、星级文明户、清廉家庭建设示范户、勤廉榜样、道德模范等典型培育宣传，大力宣传廉洁家风文化、新型婚育文化、家庭文明新风，注重家庭、家教、家风建设。党的十八大以来，以习近平同志为核心的党中央注重家庭、家教、家风建设，广西在贯彻落实中央相关规定的同时，通过理家史、寻家训、亮家规、评家风、树家德等方式，传承发展提升中华优秀传统文化，推动新时代家庭观、社会主义核心价值观在家庭落地生根。从清廉乡村建设做得比较好的地方可以看出，在一系列活动的带动和促进下，村容乡风的文明程度发生了很大的改变，村民的卫生习惯和文明言行有了很大提升，很多乡村涌现出了不少典型代表和先进事迹。因为广西是少数民族自治区，民族人口众多，因此民族团结工作是广西的重要工作。在清廉乡村建设中，广西坚持将民族工作和清廉乡村工作结合起来，开展民族团结进步进村屯活动，在乡村一线铸牢中华民族共同体意识。针对乡村工作中群众参与度最高的遵守村规民约的制度活动，他们强化村规民约激励约束功能，深入开展新时代文明实践活动，努力营造团结、和谐、文明、健康的社会风气。对于社会上的不良风气习俗，如高价彩礼、铺张浪费办红白事、散埋乱葬等突出问题进行有效治理，因地制宜推行移风易俗“五个统一”工作法，推动形成文明乡风、良好家风、淳朴民风。乡村工作是需要示范带动的，为了让乡村之风有榜样可循，必须从党员领导干部带头开始。广西在推动乡村文明过程中，也特别注重要求各级机关部门广泛开展文明餐桌、文明旅游、文明交通等行动，提高群众文明素质。为扩大影响，使廉洁之风形成更大感受力，广西扩大了活动的规模，各地都组织开展“道德模范”“八桂楷模”“勤廉榜样”等评选活动，通过先进人物事迹和案例教育使良好风气得以更广泛的传播，发挥更强大的示范引领作用。

（二）拓展乡村清廉文化阵地

文化培育需要阵地，乡村文化建设更需要好的文化阵地作为载体。广西在推进清廉乡村建设中挖掘本土文化资源特色的同时，注意到要根据本土乡村文化特色打造好文化阵地，积极开展“一地一品一特色”的廉洁文化建设。自清廉乡村建设工作开展后，广西壮族自治区的实施方案中提出了具体要求，并根据任务要求指导各地挖掘民族文化、红色文化、清官廉吏、革命志士和文化名人故居等文化资源进行提炼融合，因地制宜打造“廉洁文化路”“廉洁文化长廊”等品牌。笔者在调研中发现，为帮助各乡村打造出特色文化阵地，推进清廉乡村文化建设活动，这些文化品牌活动还会进行不同层级的评比，最终评出自治区、市、县级不同级别的清廉文化教育基地。考虑到清廉与法治紧密相关，广西还推进法治文化阵地建设，以文化活动来不断拓展阵地的内涵。调研发现，广西经常开展“普法进农村”宣传教育活动，为乡村培育“法律明白人”，将法治宣传融入乡村网格管理之中，实现依法养廉的目的。此外，文化涵养民众，必须依靠民众积极参与和支持，也要让群众充分意识到文化是为民服务的，所以文化阵地建设必须体现对群众有利有惠的原则。为体现这种特色，广西持续开展文化惠民活动，将廉政因子融入村庄，形成“可览可游可居”的廉政景观村庄；寻找农耕文化、非物质文化遗产与廉洁文化的契合点，加大民族特色节目创新力度，积极拓宽宣传渠道，发挥网站、微信公众号、短视频账号等作用，让阵地建设与文化活动有机融合，使乡村清廉文化阵地得以拓展，从而达到不断扩大清廉乡村建设的宣传面和影响力，持续释放廉洁教育集群效应的目的。

（三）用好乡村清廉文化资源

涵养群众清廉意识和文化素养，是一个持续不断的过程。广西在推进清廉乡村建设中，提出要开展文化养廉提升行动，文化阵地建设是载体，其目的是要利用好这个载体进行文化养廉。广西紧紧抓住阵地资源的优势，统筹廉洁文化阵地建设，充分利用建设在乡村一线的党风廉政教育基地、红色教育基地、文人故居文化基地和各种历史名胜资源等，丰富廉洁文化展陈，充分发挥教化功能。桂林、百色、梧州等红色资源较丰富的地方，在推进清廉乡村文化建设时，广泛开展讲红廉故事、保护红廉文化历史遗存、打造红廉文化阵地、创作红廉文艺作品、开展红廉文化活动、制作红廉文化微视频、推介红廉文化旅游线路、建设红廉文旅项目等，营造崇廉尚洁的浓厚氛围。为了使党员领导干部成为清廉乡村建设的引领者和示范代表，党建阵地也成为清廉乡村建设的重要载体，广西各地党建阵地建设都比较丰富且具有特色。加强廉洁教育，就必须充分发挥这些党建阵地思想育人的优势，带领党员领导干部到基地开展以党性教育、廉政教育为主的学习。通过形式多样、生动而有感染力的场景教育、正反典型案例教育，让党员领导干部受到深刻的思想洗礼，激发其以清正廉洁为荣、以贪污腐败为耻的觉悟。一些家风传承良好的地方还深化家庭家教家风建设，发挥廉洁典型作用。如桂林在清廉乡村建设推进阶段，打造了广西家教家风基地，这在清廉乡村建设中发挥了极好的思想教育引领作用。桂林充分利用这些家风家教宣传教育阵地，在阵地里开发了系列特色清廉课程，将廉洁教育融入家庭日常，在社会上营造了浓厚的学习家风文化、打造良好家庭的氛围。

（四）丰富乡村廉洁文化产品

在清廉乡村文化建设推进过程中，还需要将成效和经验转化为生动的产品，这样才能使清廉文化得以巩固并产生更深远的影响。广西在推进清廉乡村建设中还同步提升了廉洁文化优质产品和服务的供给，不少地方制定了廉洁文化创作奖励机制，积极组织各部门和社会群体创作具有艺术与思想、观赏和教育意义的廉洁文化产品，每年都会划拨专项经费用于举办各种清廉主题的文艺活动、主题宣讲和作品展示等。百色、桂林等地还出台相关制度鼓励、督促相关部门将红色文化、少数民族特色文化中的廉洁元素整理成册，编写和出版廉洁文化通俗读本，录制具有地方廉洁色彩的警示教育宣传片等。许多乡村将各示范点的研学路线、廉政基地、文化阵地、乡村活动等拍摄成短视频进行推广，创新传播手段，运用新媒体、新技术传播廉洁文化，扩大廉洁文化的社会影响力。

综上所述，广西在清廉乡村建设中采取的廉洁文化培育机制不仅美化了乡村环境，还通过潜移默化的方式提升了治理效能。通过家风教育等优秀传统文化的熏陶涵养，培养了乡村人才，提升了村民素质。通过清廉村居建设等项目，实现了村务清爽、民风清朗，成为基层治理的典范。广西取得成效的关键是清廉乡村文化培育注重了本土化、生活化与制度化，通过挖掘文化资源、创新传播形式、强化制度保障，形成“以文化人、以廉润心”的长效机制。这不仅为乡村振兴注入“廉动力”，也为基层治理现代化提供了文化支撑。

四、坚持联合共建出新招

清廉乡村建设是清廉单元建设中的一项内容，如果清廉建设的每个单元都是各自唱独角戏的话，很难出现成效。广西在推进清廉乡村建设过程中，意识到联合共建的重要性，提出要创新融合共建的载体和方式，要将不同的清廉单元建设融合成一个整体系统，部署各个环节和各个过程，要让不同单元实现交织互建、各成特色，但又能相辅相成、共同促进。在联合共建中各有分工、各有职责，但各有创新和对策，注重统筹协调、整体推进，推动清廉各单元全域共建、全面深化。在推进清廉乡村建设中，将清廉家庭、清廉景区等单元结合起来，推动清廉价值理念在家庭、乡村景区落地生根，进一步扎实推进清廉家庭、清廉景区和清廉乡村融合共建，聚焦乡村发展、乡村建设与乡村治理，让清廉文化深入人心，崇廉尚廉之风深入乡村，为乡村全面振兴营造良好新风尚。

（一）共同畅通议事机制

融合共建需要有平台和机制，为引导“清廉乡村 + 群众主体”融合共建，广西引导各清廉建设单元出台与不同单元联合共建的相关办法和机制。如桂林市就出台了《推进清廉桂林建设融合共建的实施方案》，目的就是在推进清廉桂林建设中，要共同畅通不同建设单元的议事机制，不断夯实融合推进的制度基础，配套建立联席会议、联系指导、协作配合和“试点点题—单元协作—同题共答”工作机制。市清廉办每季度召开清廉桂林建设融合共建联席会议，协调解决清廉单元融合共建工作难题。融合共建，积极搭建不同的议事平台，经常性开展不同的融合共建性活动。笔者在调研中发现，一些乡村通过党委引领、乡贤赋能的形式，经常进村屯举办“理事、乡贤、群众”三个座谈会，一些乡村成立以屯级党支部委员会、村民理事会、村民监事会为主体的“三会”组织机构。这些组织机构和座谈会开展的活动和推动的乡村事务发展就是融合多个不同创建单元职责所在，通过积极搭建清廉乡村、清廉家庭、清廉景区、清廉企业等不同单元的联合议事平台，共同谋划乡村的发展规划和长远目标，共同解决乡村发展的突出问题，共同制定村规民约、升级打造廉政文化广场、庆祝传统节日和开展文明新风尚宣讲等活动，铸牢中华民族共同体意识，凝聚推动清廉乡村建设的强大合力，助力乡村振兴发动引擎。

（二）共同开展联建活动

为使清廉建设各单元活动取得扩大化成效和深远影响，以更节约的经费办出更具特色和成效的活动，在推进清廉乡村建设中，清廉乡村建设单元积极融合进不同的建设单元，与它们抱团发展，推动清廉乡村与清廉机关、清廉学校、清廉家庭、清廉医院、清廉企业、清廉家风、清廉景区融合共建。有的村将清廉家风作为引领，与清廉乡村相结合开展“传承好家风，文明进万家”故事分享活动，讲述优秀家庭故事，引导乡村党员和群众传承良好家风、弘扬优秀家训，通过不同的活动，从正反面引导和教育组织党员群众签署廉洁承诺书等；有的村以“清廉学校”为主阵地，坚持以“文”育“廉”，弘扬风清气正的廉政文化氛围，将乡村中的舞龙活动、非遗传承等清廉文化带入校园等；有的村举行融合共建促乡村振兴系列主题宣传活动，聚焦乡村资源特色产业，推动“农业+文化+旅游”深度融合，不断拓宽农民增收渠道，以清廉乡村建设实质成效助推乡村振兴；有的村实施“清廉乡村+清廉家庭”融合共建，通过深挖本土特色文化，把特色文化融入清廉乡村建设全过程，将清廉家庭与清廉乡村建设融合起来，通过举办“好媳妇”“践行家风家训优秀家庭”“最美（清廉）家庭”“文明市民”“孝贤之家”“星级文明星”等示范评选活动，树立先进典型，促进示范带动，持续为清廉家庭建设注入“廉”动力，激活“廉”能量，在乡村中营造良好廉风、村风、民风。

（三）共同赋能乡村治理

清廉乡村建设工作是实现乡村振兴的一项重要举措，而在推进中国式现代化事业征程上，清廉建设各单元都应致力于乡村振兴事业。基于此，清廉建设各单元联合共建的意义是要各尽其责，共同赋能乡村振兴事业。从广西实践来看，联合共建在赋能乡村治理上取得的成效是相当明显且颇具特色的。广西在推进清廉乡村与其他单元联合共建中，与时俱进地抓住了乡村振兴工作中的热点和焦点问题，一方面推进了数字化赋能乡村治理，另一方面完善了农村产权流转交易市场体系。这两项工作都是促进清廉乡村建设提质增效的关键环节。在推进数字化建设中，广西的很多乡村都注重完善“互联网+网格治理”服务管理模式。随着科技的发展，互联网技术全面应用到各领域，乡村治理也必须全面导入互联网技术、AI人工智能等。这些技术融进乡村建设后必须与不同部门、行业共同发力才能打造好基层治理“一张网”，推广出“一张图”式乡村数字化治理模式。为了实现与不同清廉单元的优势互补，广西在乡村建设中积极推进“雪亮工程”，与不同单元合作将此工程推向乡村治理。所谓“雪亮工程”就是借助群众雪亮的眼睛共同监管，从县到村三级成立综治中心指挥平台，每个平台推行信息互通和资源共享，实现更全面的网格化管理，重点是与公安系统合作，发挥公共安全视频监控联网应用的优势，做好乡村治安维稳防治工程。清廉乡村建设导入这种治理系统充分利用了乡村群治能力，发挥乡村社会力量和广大群众共防共治优势，实现治安防控“全覆盖、无死角”，以此工程为带动，全面推动了视频图像资源与社会治理基础数据的有效融合。笔者在调研中发现，有条件的乡村通过联合共建，已积极推进农村应急指挥体系建设数字化转型，完善农村信息服务体系，推进基层党建工作信息化建设。考虑到引入先进技术需要大量经费作为支撑，广西出台了鼓励社会资本投入打造平台的工作机制，重点探索和推广“乡村治理数字化服务平台”以及腾讯村级事务管理平台等乡村数字化经验做法，将乡村治理常用的积分制管理、清单式监督、红白议事、日常事务咨询与办理等治理方式融入数字化服务平台一并统筹推进。此外，乡村发展进入乡村振兴的关键时间节点，亟须针对农村现存的产权问题进行梳理和法治化。广西多地在清廉乡村建设推进过程中，都意识到要不断完善农村产权流转交易市场体系。通过加强农村产权流转交易市场建设工作统筹，指导乡村用好全国农村集体资产监管系统，完善与规范运营本级农村产权流转交易中心和信息管理平台；充分发挥广西农村集体资产线上交易平台的作用，开展农村产权流转交易规范化建设试点，完善运行机制，活跃交易服务业务，为交易主体提供信息发布、产权交易、法律咨询、权益评估、抵押融资等服务。引导支持各类农村产权特别是农村集体经营性资产积极入市交易，努力实现“应进必进”，促进农村集体资产资源阳光交易，全面提高农村集体资产监督管理、农村产权交易管理数字化水平。在各地推广应用广西农村集体资产线上交易系统平台，加强集体资产信息化管理。

以上结合广西开展清廉乡村建设工作的情况，总结其能够取得成效的经验做法，主要归结于党建引领夯实了事业发展的基础，并确保了事业发展始终不走偏方向，以制度为主线也确保了清廉乡村建设中每个阶段都有章可循、稳定向前，而文化培育工作促成了其清廉乡村建设工作自成体系并呈特色。这些取得成效的根本路径就是采取了联合共建，凝聚了各方力量，最终有形、有效、有感地促进了清廉乡村建设提质增效。

第六章　新时代广西清廉乡村建设提质增效的现实路径

实现乡村有效治理是乡村振兴的重要内容，清廉乡村建设就是乡村有效治理的重要内容。实现乡村清廉治理必须以政治清明、政府清廉、干部清正、社会清朗为主要建设内容，奠定坚实的基础和保持强劲的发展势头，确保清廉理念深入人心并在乡村基层达成普遍共识，同时激发人人愿意参与的积极性。2024 年 3 月，中共广西壮族自治区委员会印发的《清廉广西建设提质增效三年行动方案（2024—2026 年）》中：“到 2026 年底，党的领导更加坚强有力，党员、干部政治判断力、政治领悟力、政治执行力明显提升，‘三不腐’一体推进取得更多制度性成果和更大治理成效，全面从严治党向纵深发展，全社会形成憎恨腐败、厌恶腐败、拒绝腐败的良好氛围；权力监督有力有效，政务运行务实高效，各领域整体廉洁程度显著提升；干部作风全面提振，崇尚清正廉洁、干净干事、创新求变、担当实干、遵纪守法成为自觉，斗争精神和斗争本领有效提升；廉洁文化深入人心，党风政风、社风民风良性互动，清风正气充盈八桂大地，良好政治生态得到进一步巩固和发展。”[①] 从广西实践来看，党建、人才、文化、共建多维发力促进了清廉乡村建设工作，上述的案例分析和经验归纳也是重点围绕这些层面展开。根据中共中央办公厅、国务院办公厅近几年印发的《关于加强和改进乡村治理的指导意见》《乡村建设行动实施方案》《乡村振兴责任制实施办法》等文件的要求，进一步推进广西清廉乡村提质增效，实现清廉乡村建设从“盆景”向“全景”转化，需要继续在以下四重维度寻找突破口。

一、进一步增强党建引领作用

推进清廉乡村建设工作，关键在于不断增强党建引领作用，激活基层组织的治理效能，其首要任务是不断完善乡级基层组织和机制。乡村基层组织是党在乡村基层开展工作的前沿哨所，是落实党的路线方针政策的“最后一公里”。抓基层组织建设其实质就是抓牢发展的基础，抓好乡村基层组织建设是党的建设极为重要的组成部分。为此，必须坚持围绕发展的中心任务，坚持服务大局、服务群众的原则，拓宽领域、强化功能，构建起立体化、规范化的基层组织体系，让清廉基因植入乡村振兴的血脉，让清廉建设的根系深深扎入乡土社会。

笔者通过在广西各地调研发现，当前广西大部分基层党组织建设比较规范，在宣传政策、组织协调村务事务等方面发挥的作用总体上比较明显。但有些地方的问题也比较突出，尤其

① 中共广西壮族自治区委员会.清廉广西建设提质增效三年行动方案(2024—2026年)[N].广西日报,2024-03-29(09).

是村委会实行直选后，有的地方村委会建设得较好，但是党支部建设不规范，执行力不强。调研中发现，乡村党支部成员年纪较大、文化程度普遍不高的现象比较突出，有的乡村村委会实行由村民自行直选后，村委班子的年龄、文化结构都得到了优化。这种优化较之党支部建设是有明显好转的，当党支部队伍结构不如村委会时，基层组织和机制建设的不足就会充分表现出来。在没有实现直选前，村内党政事务、大小决策都是由党支部来决定，村委会主任承担辅助工作。但实行直选后，属于村委会管理权限的事务越来越多，村委会成为村民自治的功能载体，党支部成为党在农村工作的领导核心。核心必须有力才行，如果领导核心作用发挥不出来，就无法履行好领导村委会的职责。推进清廉乡村建设，重点就是要突破这种壁垒，必须建立以乡村基层党组织为领导的核心组织体系，充分发挥好村民自治组织和村务监督组织的优势作用，让农村经济合作组织、农民专业合作社等组织成为整个组织体系的有机组成部分。

（一）完善组织功能

为进一步加强村党组织，要配优配强组织成员，因为建立在乡村的村民委员会、监督委员会、合作组织、经济组织等都由村党组织全面领导。既然村党组织起到全面领导的作用，它在基层一线的组织中就必须是最强劲的，只有这样才能有力量去推进清廉乡村建设的一系列中心工作。调研发现，有些村党组织软弱涣散的问题比较突出，村“两委”班子无法在群众中形成核心，组织动员能力有待加强。笔者在个别访谈中了解到，有些村民认为村“两委”干部的组织能力、道德素养、工作态度和奉献精神都起不到表率作用，所以群众没有向心力。在实际工作中，基层群众的自治功能，包括自我服务、管理、监督、教育等能力都必须不断提升，而提升的关键在村委组织协调上。村委强不强直接由村党组织决定，而只有村委强才能使乡村治理实现清廉有序，这是实现乡村治理现代化的关键因素。此外，清廉乡村建设缺少监督机制是不可能的，要使监督机制发挥有力，必须抓好建立在乡村的监督委员会。很多乡村都按照要求成立乡村监督委员会，但在有些乡村监督委员会却形同虚设，没有真正在乡村事务决策上、集体资源管理上、乡村基础建设项目上充分发挥作用。当前，广西各村都有村务监督的机构和方式，但从实际调研来看，基层监督力度还是比较薄弱，不敢监督、不愿监督、监督不到的现象较为普遍存在；许多基层群众甚至觉得监督只是形式，没有实质性作用，缺乏监督热情。抓清廉乡村建设工作必须想方设法把监督意识深入人心，要引导基层群众认识到监督的重要性和实效性。只有监督到位，村内的集体经济组织才能更好发挥其积极的作用。在推进清廉乡村建设中，集体经济组织的职责要进一步完善，并要督促指导其真正发挥好管理作用，特别是对乡村集体资源开发、集体资产管理等方面的效用要凸显出来。

（二）强化履职能力

完善基层党组织的目的是要使基层党组织具备强有力的履职能力，所以首先要选好村党组织书记。在进一步推进清廉乡村建设中，选任村党组织书记必须规范、公开、透明，必须全过程符合相关程序。对于乡村任职的重要负责人，如“两委”班子、集体经济组织负责人、监督委员会主任、合作经济组织机构的负责人要实行交叉任职。笔者在调研中发现，广西的大部分乡村都能按照相关的规定和程序任用干部，但任用的干部履职能力水平参差不齐。有的乡村只能“以矮拔高”，群众认可度不高，任职后又缺乏行之有效的提升履职能力的培训方式和培养路径，总体上基层干部的履职能力是需要进一步提升的。此外，监督能力也是重要的一环，推选谁来担任村务监督委员会主任是相当重要的。有的乡村明确规定必须由党员担任，也有的乡村对此不作硬性要求，让不担任村民委员会成员但在村党组织担任班子成员的人兼任。大部分乡村基本做到村民代表和村民委员会成员中必须有一定的党员比例，这种做法是合理合规，也是科学有序的，需要进一步提升的也是这些成员履行监督时的专业化水平和科学方法。当前，有些乡村的监督环节看似职能齐全、人员到位，但实际上监督职能没有起到作用，监督成员的工作意识和能力都有待提升。此外，完善基层党组织的关键是使其在履职过程中发挥全面领导作用，而在“全面”方面，当前也是存在不足的。所以必须加强村党组织建设，夯实村党组织基础，村党组织必须对乡村重大事务和群众反映的焦点、热点问题进行全面统筹，通过组织研究讨论并进行科学决策。在村党组织领导下，全面落实“四议两公开”，加强乡村人才队伍建设、抓好活动开展、基本阵地建设和基本制度完善等工作，实施村党组织带头人整体优化提升行动。

（三）防范组织弱化

笔者在调研中发现，有些地方基层组织在推进清廉乡村建设中的作用并不明显，要让清廉乡村建设工作取得更全面的成效，就要持续整顿乡村党组织软弱涣散问题，要加大力度全面整治不合格的基层党组织。整顿软弱涣散的村党组织，要针对近些年有些地方出现的村“两委”换届时的违规问题进行严肃查处。这些地方存在不按照规范流程产生党组织成员的不良风气，造成恶劣影响。对此，必须在推选村“两委”换届候选人时就要介入，建立候选人县级联审机制，对干扰破坏村“两委”换届选举的黑恶势力和宗族势力进行严厉打击。特别是要严查村“两委”成员中是否存在受过刑罚的人或在乡村中出名的“村霸”和作风不良的涉黑、涉邪教等问题的人，必须及时将这类人员清理出干部队伍。为确保村“两委”选举合法合规，乡村党组织规范有序运行，就要完善“抓乡促村”机制，落实乡镇党委书记直接责任，建立乡镇党委班子包村联户机制，经常性走访乡村，掌握村“两委”成员的情况，并督促落实好以财政投入为主的稳定的村级组织运转经费保障制度。

（四）规范工作事务

党的二十届三中全会提出要“健全为基层减负长效机制”[①]，对基层减负进行专门部署。长期以来，处于基层一线的工作繁忙而复杂，大部分来自上级不同部门的监督考评在党中央下发《整治形式主义为基层减负若干规定》后，乡村工作得到了极大的简化，官僚主义、形式主义在基层得到有效治理。如果基层负担过重、基层干部深感压力过大，就容易导致其形式化、简单化、应付化开展乡村工作，这种工作态度容易造成各种不良行为出现，这是影响乡村清廉风气的重要原因。当前，推进

① 中共中央关于进一步全面深化改革 推进中国式现代化的决定 [N]. 人民日报 ,2024-07-22(01).

清廉乡村建设就要依照规定从严规范、纠治乡村一线的顽瘴痼疾，将以往村级承担的大量烦琐的行政事务和监督考评事项剔除出去，切实减轻乡村组织机构的负担。原先各级政府机构为了更好开展工作，在乡村一级设立分支机构，多部门交叉向基层施压，以行政命令要求村级承担各类行政事务，很少考虑基层一线是否有条件、有能力、有人力去承接此类事务，且在大多数工作事务上，上级部门重监督考核轻指导帮助。要严防这些不良现象再次滋生，上级各部门对乡村工作要进一步实行严格管理和总量控制，切实从源头清理规范好上级部门对乡村组织机构进行项目考核等违反为基层减负的行为，在乡村探索和推行工作、责任目录清单和乡村事务审核备案等管理方式。

（五）增强自治能力

清廉乡村建设要坚持与“三治”相结合的理念，其中“自治”是重要的部分。在清廉乡村建设中要充分发挥村民自治功能，自治功能发挥的好与坏直接与村民的素质和能力有关。乡村事务管理规范、各项事务推进有力、村容村貌建设得好的乡村都有共同特征，如村民自觉参与治理意愿强，积极参与奉献意识强。这是一种风尚，是一种文明素养，实质上这也是乡村自治能力的体现。乡村治理现代化就必须有这种村风村貌，这是推进乡村振兴事业要抓好的核心内容。为什么要重视村民自治？因为村民更熟悉自己的治理实际和治理需求，更懂得探索治理的方式和目标。如何才能激发村民自治意识、提高自治能力、促进有效治理？笔者在推进清廉乡村建设的实践中发现，要抓好乡村基层党员队伍建设，将党员先锋模范作用发挥出来，乡村治理事务与党员活动结合产生的效果是明显的，通过先进代表的带领，影响和带动其他群众参与。在发挥党员示范带动作用的同时，要在基层党组织带领下，将村民议事会制度、民主决策与监督制度等进一步完善起来，使村民养成依规依制参与乡村事务管理的习惯，通过不断的实践实现自治能力的提升。与此同时，要进一步指导和帮助乡村成立、提升自治组织规范化建设，在资金和技术上帮扶乡村建设各类村级公共事务平台，以全面提升乡村居民的自治能力。

（六）丰富协商形式

笔者在调研中发现，大部分乡村基本把规范村级议事协商制度作为加强村级基层治理的重要内容，列入工作日程，责任到个人，但在实际的操作中还有很大上升空间。健全村级议事协商制度，需要进一步丰富协商的形式，促使党组织、党员干部、乡村群众组织、乡村群众在依法协商平台下形成有机统一，促使广大乡村能自觉养成协商于民、协商为民的风尚。重点是将基层党组织领导下处于乡村最前线的基层群众自治机制建立和完善起来，扩大协商民主在乡村的威信和影响力，促使有序参与、信息公开、权力监督、权益保障等各个方面都能得到群众积极支持，从而有效促进乡村经济事务的全面发展。清廉乡村建设工作在思想层面的建设需要体现的正是这种协商广泛式、公平式的民主，如果这种做法不给力，得不到民众支持，那就无法形成民之事民来议、民之事民自办、民之事民愿管的多层基层协商格局。只有在乡村广泛打开这种基层协商格局，才能全面依托村民和村民代表平时所召开的议事会、理事会、督事会等会议，有效鼓励和推动乡村层面开展村事民说、村情民谈、村务民解等各类协商活动。

二、进一步加强人才队伍建设

人才是发展的根本，2025 年中央一号文件中就专门提出要“壮大农村各类专业人才和实用人才队伍”[①]。笔者在调研中发现，清廉乡村建设较好的地方都有共同的特点，而其共同特点中最鲜明的是人才优势，加强乡村人才队伍建设是当前清廉乡村建设工作的重中之重。要进一步推动人才队伍建设高质量发展，重点要根据乡村发展实际构建适合乡村人才发展的工作激励机制，为人才优化好干事创业环境、针对不同乡村生产布局和村情村务制定人才引育制度、为乡村经济社会发展提供智力支持等。

从调研的实际情况来看，乡村处在基层一线，虽然城乡统筹发展后乡村条件已经得到极大改善，但文化娱乐等资源相对不足，工作环境和氛围较差，导致长期以来乡村引才难、留人难，这直接影响了基层事业的发展。有的人才因为基层生活条件和工作条件差而离开基层；有的人才因为得不到重视，无法体现自我价值而离开基层；有的人才因为生活得不到保障，无法被重用而离开基层。乡村基层人才培养是一项长期的、艰巨的任务，需要全社会各级各部门共同努力。只有不断强化乡村人才建设理念，加强乡村人才队伍建设力度，真正做到“因村因才适用”，才能为乡村发展夯实人才基础。同时，要坚持做好关心乡村人才、关注乡村人才、服务乡村人才等工作，吸引

① 中共中央 国务院关于进一步深化农村改革 扎实推进乡村全面振兴的意见[EB/OL]. 新华网 .（2025–02–23）[2025–02–23].https://www.news.cn/politics/zywj/20250223/9606038f6014425c8f12a89c43621c5c/c.html.

人才到乡村并愿意长期服务乡村。当前，推进清廉乡村建设工作急需以下重点人才。

（一）优秀党建人才

清廉乡村建设需要懂党建、抓党建，夯实基层党建工作的人才。在推进清廉乡村建设进一步工作实践中，需要充分发挥党员在乡村治理中的先锋模范作用，作为先锋模范的优秀人才是清廉乡村建设工作中最迫切需要的人才。发挥先锋模范的带领作用，能促使基层党组织建设得更有力，真正发挥出“基层堡垒”作用。党建工作是与群众联系密切的工作，这方面的专业人才需要懂得如何建设好党支部、如何开展好“三会一课”、如何组织党员过好党内生活、如何组织党员服务乡村群众和推进乡村事业发展。笔者在实地调研中发现，清廉乡村建设工作做得出色的地方党支部都建设规范，组织引领有力，这归根到底是有强有力的人才在抓党建、促党建，通过党建引领促进乡村各项事业发展，他们有力地促进了清廉乡村建设工作。清廉乡村建设工作与党建工作之间存在非常密切的关系，需要引进和培养好乡村党建人才，要求他们在做好基层党建工作的同时，引导农民群众自觉听党话、感党恩、跟党走。

（二）乡村治理人才

清廉乡村建设属于乡村治理的重要内容，乡村建设最急切需要的是一批懂乡村治理的人才。当前，熟悉乡村工作、热爱乡村工作、愿意扎根乡村服务工作的年轻人不多，在“大学生村官”“三支一扶”项目推动下，部分青年来到乡村工作。但以项目带动人才进入乡村服务的人数有限，远远无法满足广大乡村的需求，乡村工作涉及方方面面，面对的群体较多，事情杂而乱。当前，大部分乡村服务工作人员一人身兼数职，很难做到事项专人化、服务职业化和规范化，这是推进乡村治理工作面临的大问题。乡村治理工作不规范、不专业，就容易产生矛盾，还会在许多领域滋生腐败，如村级事务公开工作，要想使党务、村务、财务真正实现阳光化而不产生误解引发矛盾，需要专业化和规范化的操作。如何梳理各种事项清单、采取什么公开形式、哪些事项容易引起争议、引发误解应如何疏导，这些工作都需要大量专业化的乡村治理能手才能更好推进。与此同时，为促使乡村事务阳光工程取得更大成效，也需要乡村治理人才能根据不同乡村发展实际推进公共服务、乡村产业发展、乡村基础工程建设等重大事项，建立健全完善的村务档案管理制度等。广西各地在实际推进过程中发现，行之有效的制度思路才能更好地促进乡村治理。制度是治理的主线和关键，但在调研中，笔者发现好几个乡村公开制度的制定是一模一样的，这说明制度流于形式，没有用于实践中。乡村治理人才必须熟悉所在乡村的现实情况和未来规划，如果乡村缺乏这种专业性人才，乡村治理的专业性、特色性、现代性是很难实现的。尤其是时代发展、信息技术变迁，群众对消息掌握的渠道也在变化，乡村治理人才必须紧跟时代需要，充分运用现代化信息手段管理乡村和处理乡村事务。比如，当前人工智能化盛行，DeepSeek、豆包、Kimi 等人工智能技术正在悄然改变我们的生产、生活和思维方式，应将这些技术尽快引入乡村服务中才能更好地治理好乡村，只有将其与“阳光公开”等监管平台融合起来才能更好地适应乡村服务工作，更有效地提升乡村清廉工作效果。

（三）综治维稳人才

“没有安全和稳定，一切都无从谈起。”[①] 清廉乡村建设必须在维稳的基础上进行，没有乡村的稳定，一切工作都不可能取得进展和成效，而乡村综治维稳人才包括法治人才、平安建设人才、解决基层矛盾人才等。首先，要培育乡村法治建设人才。通过对乡镇从事行政执法的人员进行规范化管理和业务培训提升，进一步规范乡村基层行政执法程序，使他们在行政执法中能严格依法依规行使权力，特别是要将政府涉及的事项推到法治化轨道中去。在乡村组织中，要根据不同的乡村发展实际培养一支熟悉本村村情，并具有法律素养的法治带头人队伍，因为乡村一线法治意识相对较弱，需要经常性开展农村法制宣传，只有发挥本村法治人才队伍力量才能经常性开展普法宣传。其次，要培育乡村平安建设人才。清廉乡村建设当前工作重点是必须推进乡村社会治安防控体系建设，这个防制体系建设的着力点是建设好平安建设领导责任制，完善当下乡村推行“一村一辅警”机制。大部分乡村设有农村警务室，需要有专业性的农村警务服务人才驻村才能有效促进乡村平安建设。最后，要培育能有效处理基层矛盾的人才。这方面人才需要懂治理、善沟通、能表达，有矛盾纠纷调处化解经验。随着乡村社会发展，发生在基层乡村的矛盾会越来越多，要做到小事不出村、大事不出乡镇，就要有一支强有力的能够化解乡村矛盾的人才队伍，建立完善而科学的化解乡村矛盾的调处机制。

---

① 习近平．在省部级主要领导干部学习贯彻党的十八届五中全会精神专题研讨班上的讲话 [N]. 人民日报 ,2016-05-10(02).

三、进一步增强文化服务能力

清廉乡村建设必须以文化与思想建设为根与魂，厚植乡村清廉文化元素，让社会主义核心价值观深入人心并践行于日常。笔者在调研中发现，各地都比较注重清廉文化的宣传引导，走进不同的示范村到处都能看到宣传标语、文化墙，有的乡村还组建文化艺术宣传队伍，通过经常组织文化宣传活动，让村民长期通过软文化的渲染与熏陶，思想上得到净化、觉悟上得到提升。但通过深入调研笔者也发现，许多乡村的文化服务成效并不是特别明显，通过访问村民了解到，不少村民均反馈文化宣传活动的形式大于内容、吸引力不强、参与性不够、触动心灵不足，无法达到教育人、引领风尚的目的。乡村居民对文化墙的内容关注不多，对到处刷写的文明标语也没有往心里去，文化宣传的节目单一不精彩，受教作用不大。不管去哪个村，好像做法都一样——在墙上画画、在路边挂牌、让一群老人带着标语口号搞艺术宣传。所以，针对当前面临的现状，清廉乡村建设需要不断增强和创新文化建设与服务能力，重点针对乡村中传播社会主义核心价值观力度不强、影响力有待提升的问题，通过教育引导和制度保障加以推进，将社会主义核心价值观的道德规范以群众喜闻乐见的方式进行传播，使其内化于心并外化于行。当前，有些乡村建设有新时代文明实践中心、文明广场、农民夜校等，应充分利用这些平台广泛进行宣传和引导，使中国特色社会主义文化和社会主义思想道德牢牢占领乡村思想文化阵地。总的来说，各乡村需要在以下几个方面着力。

（一）加强场馆设施建设

清廉乡村建设需依托优质载体实现文化传播与风尚培育的双重目标。从调研结果来看，当前广西大部分乡村基层文体场馆建设虽初具规模，但在实际运营中仍存在结构性矛盾亟待解决。比如，存在硬件配置失衡的问题，大部分乡村配置有图书馆、运动场、健身设备、娱乐室、会议室、办公室等基础设施，但普遍存在场馆的规范性不足、设施陈旧、功能不全、维护滞后等问题，部分场馆陷入“建而不用、用而不护”的困境。存在运营效能低下的问题，有些场馆是流于形式、应付检查的“面子工程”，也有部分场馆变为棋牌娱乐场所的异化现象，未能充分发挥文化育人功能。存在资源配置不均的问题，城乡公共文化服务存在显著差距，乡村的数字化建设滞后，难以满足新时代乡村群众多样化的文化需求。

基于此，要进一步加强乡村场馆建设增强文化服务能力，助力清廉乡村建设。首先，统筹规划系统布局，实施公共文化服务标准化工程，制定乡村两级场馆建设与管理规范；重点推进多功能文化活动室、数字文化驿站等新型载体建设，构建“15 分钟文体服务圈”。其次，创新功能整合模式，采用“一馆多能、一室多用”模式，整合宣传文化、体育健身、办公娱乐等设施，实现空间和成本的集约化的同时逐步实现多功能文化活动室、文体广场、表演戏台、宣传长廊全覆盖。最后，构建投入保障、政策保障、人员保障的“三位一体”保障体系，使乡村公共文化设施及公共数字文化建设能够得到长效保障。

（二）加强文化惠民行动

基础设施建设作为活动开展的平台保障，但文化建设需要组织与策划，没有经过精心的组织与策划的活动难以触及人们的兴趣点，进而难以引导公众通过持续参与实现思想观念的转变，达到“以文润廉”的目标。

从调研情况来看，各乡村在组织文化惠民方面的力量相对较弱，主要原因是缺人才、缺资金，缺少富有创新意识并能深深吸引群众热情参与的文化活动。首先，需要着力推出一系列凸显文旅融合、时代符号、地方特点、民族特色的活动。例如，开发“廉政知识挑战赛”线上互动游戏，开发类似“合浦海丝廉路主题游”的“清廉＋旅游”精品线路，开发“壮族山歌话清廉”系列作品，组织百场山歌擂台赛进村寨等。其次，需要全面培养与提高乡村文艺爱好者的组织策划能力，激发群众参与热情，展示农村新面貌、农民新形象并有机整合现有的文化资源。最后，组织丰富多彩的全民阅读主题活动，倡导全民阅读，营造浓郁的书香氛围。长期以来，乡村阅读的文明风尚一直无法形成，以前是由于村民受教育程度不足，进入新时代以来村民受教育程度普遍提升，但乡村阅读风尚从未形成。一方面是乡村居民阅读意识不强，另一方面是乡村图书馆建设严重滞后。清廉乡村建设文化是调和剂，而阅读涵养是文化提升最为重要的路径，可以通过打造收集整理壮语廉政视听内容，建立“清廉文化资源库”；开设VR廉政教育基地，接入百色起义纪念馆、红军长征湘江战役纪念馆之类的红色资源；开发“红湾书吧＋清廉角”复合空间，设置扫码听廉史数字墙等方式来尝试攻破乡村阅读的短板问题。

笔者在调研中发现，善于开展文化活动的地方，清廉乡村建设的成效就相当明显。如桂林市集中开展了清廉乡村文化大讲堂活动，通过开展深入学习贯彻党的二十大精神、学习清廉建设文件、会议精神，以学知廉；观看警示教育片、通报典型案例、参观红色教育及廉政教育基地，以案倡廉；讲廉政党课、讲解业务知识、惠农政策，以讲促廉；举办各类文艺演出、党纪党规和清廉知识竞赛，以竞固廉，引导基层党员干部常读廉政书、常看廉政戏、常思廉政理、常做廉政事，引导广大群众和社会组织明辨是非、区分善恶、分清美丑并积极参与到清廉乡村建设中来。该活动开展仅短短三个月时间，全市“以学知廉”累计开展130次，涉及6077人；“以案倡廉”累计开展102次，涉及4855人；“以讲促廉”累计开展121次，涉及5949人；“以竞固廉”累计开展156次，涉及32301人。桂林市通过清廉乡村文化大讲堂活动，社会风气持续上扬，崇廉敬廉的乡村文化氛围更加深入人心。

（三）加强特色资源的利用

清廉乡村建设要找准本地特色资源，利用各地本土资源特色开展清廉建设达到的效果是极佳的。有的地方将本地红色资源、家风文化资源等与清廉建设结合起来，清廉乡村建设成效就非常显著。在特色资源中，当前国家相当重视的非物质文化遗产就是非常值得利用和推广的特色文化资源。非物质文化遗产属于优秀的传统文化，优秀传统文化是长期根植于群众生活和工作的重要元素，发挥其功能价值促进清廉乡村建设有着独特的优势。笔者通过网上搜索全国各地清廉乡村建设的实践案例发现，利用非物质文化遗产（以下简称非遗）促进清廉乡村建设的成功实践不在少数。在浙江临安，该地就在非遗传承“守艺”和创新中不断融合清廉元素，赋予了非遗更深厚的廉洁文化内涵。因为浙江临安的传统非遗技艺中蕴含着诸多朴实的清廉思想，在开展清廉乡村建设时，该地将蕴含其中的严守规矩、恪尽职守、黑白分明等元素总结出来，具象化地传递给广大党员领导干部。该地纪委为了使清廉乡村建设更深入人心，积极探索以廉洁与非遗文化资源融合的新路径，引导从事非遗工作的人员与廉洁作风结合起来进行整合和创作，从不同的非遗技艺中将廉洁要素提炼出来。通过丰富而灵活的方式，时时处处讲好廉洁故事，更广泛传播廉洁声音，促使廉洁文化建设走深走实。

通过深入广西实地调研，广西桂林在清廉乡村建设中也特别注重将本地非遗与山水清廉文化相融合，将文化保护传承与清廉乡村建设结合起来，以达到有效促进清廉乡村建设的目的。如灵川县兰田瑶族乡举行“纸此非遗”文化体验活动，让民众在土法造纸的制作过程中感受“洗竹麻—沤竹麻—捞浆—晒纸”整套工艺，体会清白做人、高风亮节的清廉文化。恭城瑶族自治县利用非遗油茶，创作《非遗里的清廉——恭城油茶》，制作微视频《龙图梅公瘴说》，编排彩调《包青天》等一系列文化作品，让老百姓在享受文化的同时受到廉洁文化的熏陶。此外，桂林市积极推进全国“一村一品”示范村镇建设，截至 2022 年，累计入选全国“一村一品”示范村镇 24 个，占全省 143 个入选村镇的 17%，入选数量居全省第一。截至 2023 年 10 月，桂林市有桂剧、彩调、壮族三声部民歌、瑶族盘王节等 10 项国家级非物质文化遗产代表性项目。桂林特别重视灵渠保护提升，挂牌成立灵渠博物院。桂林雁山区柘木镇作为广西首届“非遗购物节”分会场，推出喀斯特民族背包、漓江石画等各类文创产品；展示体验彩绘葫芦体验、雕版拓印等非遗技艺；讨论研究打造雁山非遗产业基地，拓展非遗助力乡村振兴路径。桂林市充分利用文化的魅力和影响，将系列活动，如“唱廉歌”“盖廉印”融入党员干部日常廉政教育中，使党员干部在参与系列活动时在内心发起一次次深刻的人生思考——如何当官？如何担当？如何廉政？

当前，为进一步推进清廉乡村建设，各地应立足本地文化特色，不同的乡村具备的文化资源不同，在看似具有同质性的文化元素中找出差异，以此赋予本地特色资源新的内涵和品质。只要引导乡村全面挖掘和利用好特色文化资源，以文润廉、以廉育人，便能不断深化乡村廉洁文化建设，增强基层一线的党员和领导干部清廉的政治自觉。值得一提的是，本土特色文化元素具有广泛性和多样性的特点，除了非遗元素，流传在各地村落的不同传统习俗文化、节庆文化、饮食文化等都蕴含着不同的清廉文化。当务之急是善于挖掘传统特色文化中的清廉元素，讲出本地的清廉故事，不断加强农村文化引领，重点是要进一步挖掘乡村文化产品供给潜能，全面打造好乡村文化阵地，通过群众喜闻乐见的乡村文化活动提升群众文化素养。此外，应结合乡村传统村落多、节日多、习俗文化丰富等特点，因地制宜广泛地开展不同的乡村文化活动。在特色资源利用上还要灵活考虑时代特点，当前乡村发展也进入电子数字化时代，要加快乡村文化资源数字化建设，使具有时代性的优质文化资源进入乡村服务群众，培育多彩的乡村文化产业，从而实现乡村旅游特色化和高质量发展。

（四）加强乡风文明培育

清廉乡村建设属于文明乡村建设的范畴，文明之风是需要培育的，许多不文明的乡村风气实质就是不清廉。在推进清廉乡村建设中，要积极在乡村举办系列文明教育活动，促使村民养成爱廉尚廉、热心公益、扶贫济困等传统美德，推进清廉乡村文明培育工作，培育乡村的淳朴民风。

笔者在调研中发现，桂林在推进清廉乡村建设中加强乡风文明培育的做法很有成效。自实施清廉乡村建设以来，桂林市大力推进农村地区社会主义核心价值观培育，举办“强国复兴有我”等激发群众爱国爱家情感的文化活动。针对社会大众对社会主义核心价值观认识不足等问题，桂林在全市范围内开展最美社会主义核心价值观社会宣传和教育展示评选等。积极申报自治区第三批及打造桂林第二批社会主义核心价值观建设示范点，在易地搬迁集中安置点创建铸牢中华民族共同体意识示范点，让中华民族共同体意识根植各族搬迁群众心灵深处。进一步加强乡风文明培育，着力点就是利用好这些实践成效，在各乡村利用当地良好家风家训资源开展传统文化的传承和传播活动，要充分利用社会积极正能量文化推行移风易俗，针对当前农村高价彩礼、大操大办酒席等不良的乡村习俗进行全面整治，这些不良习俗的实质就是铺张浪费，是给群众造成负担过重的问题。

推进这些工作需要破与立结合，坚持破除丧葬陋习，积极推广保护耕地机制，通过加强对村民的教育引导，从修改村规民约开始，让良好风尚成为乡村居民的生活自觉。在修改完善村规民约时，要特别注重发挥群众的参与意识，要全面建立在法律法规的基础之上，确保最新修订的村规民约合法合规、合理合愿，杜绝侵害多数人的权益。在实施过程中，还要坚持从严规范执行，建立健全监督和奖惩机制，对违反村规民约的行为要运用社会舆论和道德约束督促立行立改。为使村规民约行之有效，可建立乡村红白理事会等组织，通过对理事会的正确引导和监督，促使乡村清廉文明呈现现代文明乡村的道德氛围。

（五）加强法律服务供给

以往法律服务市场在乡村社会难以形成，但是进入新时代以来，特别是随着乡村振兴战略的推进，城乡一体化发展促进了乡村社会的快速变革，乡村群众的生产生活方式也在悄然发生变化，各种不同的利益关系因深化改革不得不作出调整，在调整中不同的利益诉求逐步开始产生冲突。笔者在调研中发现，越是发展得较好的乡村，因利益冲突而产生的基层社会矛盾纠纷就越多。特别是农村集体经济股份合作制改革后，农村集体经济组织以法人形式进入市场，面临着资产管理、公司化运营、成员权益保障等问题。农村土地“三权”分置改革后，在土地流转方面的纠纷也增多，涉及土地登记确权、土地租赁、农业补贴发放等问题。近年来，发生在乡村中的维权问题越来越多，这些问题集中出现在乡村生态旅游、农村直播、农民工薪酬权益和乡村生态环境治理等方面。这些新生问题涉及许多法律问题，国家也意识到这一现象并予以高度重视，2021年6月，首部直接以“乡村振兴”命名的《中华人民共和国乡村振兴促进法》正式施行。与此同时，司法部提出要以法律服务好乡村振兴事业，通过在乡村开展法治活动，为乡村全面振兴提供更多法律服务和法治保障。

笔者在调研中发现，这些有针对性的举措受群众欢迎并取得了极好的成效，法律服务活动发挥了司法行政职能优势。通过在乡村加强法治服务建设，进一步夯实了乡村基层治理基础，大部分乡村公共法律服务体系变得越来越完善，多元化的农村公共法律咨询和援助供给模式在乡村大地上形成并扎根。如广西来宾市全方位提升公共法律服务供给能力，整合律师、基层法律服务、法治宣传、法律援助、公证服务等法律服务资源，将公共法律服务与乡村振兴战略实施紧密结合。持续打造法律援助前沿阵地，为乡村居民申请法律援助提供便利。针对脱贫户、监测户，免费提供法律咨询。对农民工讨薪、工伤待遇等劳动争议案件，优先受理、指派、审查，依法应援尽援。2024 年以来，该市法律援助中心、工作站共解答群众法律事务咨询 300 余人次，共受理法律援助案件 47 件，为群众挽回经济损失 45 万元。类似做法在广西的其他地方也得到实践，并取得了一定的成效，但客观来说，这种成效并不具有普遍性，甚至可以说是少数现象。调研发现，许多村的法律服务供给并不完善或有形式化的倾向，村委办公场所都挂有法律顾问人员的标牌，但实际履职的并不多，来咨询和寻求帮助的群众更是极少。

群众在日常生活工作中产生矛盾纠纷和其他需要法律援助的事项其实很常见，农村法律服务供给在及时性、权威性、信任性方面应进一步增强。要使乡村居民平时学法、善于用法，这种良好的乡村法治思维养成需要人民法庭的职责向乡村基层延伸，在乡村治理中充分发挥人民法庭的职能作用，当下有些地方探索实践的车载法庭审判模式就值得进一步推广。此外，乡镇一级都成立了司法所，乡镇司法所是向乡村提供法律服务的重要部门，应进一步加大对处在最基层末端的乡镇司法所的建设，帮助司法所整合法学方面的专家学者、律师和具有法律专业知识与素养的服务者、志愿者加入乡村法律服务队伍中。对于一些有条件的乡村，可建立专门的法律服务工作平台或工作室，更进一步完善乡村法律顾问职责，完善服务功能，提高乡村法治化的管理水平。

（六）加强为农服务能力

清廉乡村建设的工作场所在乡村，但真正的受力点应该是基层乡镇，因为乡镇夹在县和村中间，政策和资源都需要在乡镇进行传导和调配。所以，乡镇是乡村资源交换的转接点，是乡村获取公共服务和资源的供应点，也是乡村治理的关键点。

笔者在调研中发现，广西还存在着一部分地方乡镇带动农村经济发展能力偏弱的问题，农村公共管理和服务缺位的现象比较突出。虽然不少乡镇意识到这个问题的重要性，也努力在这方面发力，但又因各方面原因，服务能力无法有效满足群众的需求。笔者在桂林市调研中发现，该地有一项涉农服务——推进农村生活污水治理和农村厕所革命。当时中央及广西壮族自治区总共划拨专项资金三千多万元，用来推进农村生活污水治理工作，从后续的检查情况来看，该项目总体进展顺利并且已经投入使用。但从相关领导反馈来看，极少数推进缓慢的乡村无法跟上进度的原因之一，在于乡镇的服务能力还跟不上。

基于此，如何发挥好乡镇对农村农民的服务作用成为我们需要重点突破的地方。调研发现，乡镇政府公共服务能力不足的原因是投入不足，使本应履行的服务职责无法完成，乡镇为农服务的龙头作用难以发挥出来。在走访中了解到，群众对乡镇服务满意度有待提升，要改变这种局面就应该推动各级部门在向乡村投放公共服务类的基金和资源时，应以乡村所在的乡镇和村党组织为主渠道来落实。全面推进“放管服”改革，特别是群众呼声较高的“最多跑一次”改革应该向乡村基层不断延伸。同时，要在乡村建立集治理、监管、执法和服务于一体的公共便民服务统一平台，在条件较好的乡村推进示范点建设，通过示范带动推进农村社区综合服务设施建设，利用互联网等技术搭建线上线下多维度的乡村便民服务体系，让群众能切实感受到“一门式办理”，办理事务中能享受到“一站式服务”。

四、进一步增强联合共建功能

清廉乡村建设工作越往实、往深推进，就越需要与不同清廉建设单元进行更广泛、更全面的合作。自从清廉广西提出多单元联合共建后，各清廉单元建设都取得了较大的进展。通过更多部门、更多政策机制的融合促进，有效打破了人、财、物等多方面的短板与瓶颈，实现多维共进、全面发展的目标。结合调研情况来看，进一步推进清廉乡村建设提质增效，需要清廉乡村建设单元与其他单元实施更广泛的合作，需要合作共赢，不断增强联合共建功能，重点在建设标准、建设内容、建设统筹以及建设特色方面实现突破。

（一）精化建设标准

为推动清廉乡村建设工作开展，由广西壮族自治区农业农村厅牵头，会同区委组织部、区乡村振兴局等15个清廉乡村建设专责小组成员单位，制定了《大力推进广西清廉乡村建设实施方案》(以下简称《实施方案》)。该《实施方案》阐述了广西清廉乡村建设的总体要求、工作原则和工作目标，在工作举措上积极推进“311工程”(三大工程、11项核心任务)。然而，《实施方案》是一个宏观框架性的要求，没有微观细致的量化标准。有些地方在具体落实过程中，对标准的理解和执行存在差异性。如在推广“积分制”过程中，虽然制定了思想政治、生产生活等多方面的考核标准，但在实际评定积分时，仍存在较强的主观性以及量化细则不清晰的情况，导致一些村民对评分的公平性产生怀疑。虽然有些工作也列出了任务清单，但基层的干部和群众往往难以区分这些工作指标与其他工作指标之间的差异，尤其是难以理解与以前的社会主义新农村建设、美丽乡村建设、和美乡村建设以及当前的乡村振兴工作之间的关系和区别。这种现象也说明，基层一线对于“什么是清廉乡村”“怎么样建设清廉乡村”等问题的认识还有待进一步提高。正是由于认识上的不足，使基层一线干部抓不准工作重心，无法构建清晰的工作思路，只能摸着石头过河。部分地方清廉乡村建设只有一个宏观的框架，缺乏具体细化内容。

造成这一现状的因素众多，清廉乡村建设机制还需进一步规范和完善。笔者在实地调研过程中发现，各乡村基本建立了规范完善的制度，大部分制度在村委会或乡村公共场所进行张贴公示，对“三务”线上线下公开、集体“三资”台账管理、重大事项“四议两公开”制度等执行得比较完善和规范。制度公开化、透明化是尊重群众知情权、参与权和监督权的表现。

然而，当前亟须改进的是制度在实际操作中的适应性变化以及工作过程的阶段性管理。清廉乡村建设开启之后，不少先前制定的制度会根据新的工作任务和重心的变化进行相应的调整。然而，大部分乡村地区未能针对新情况、新任务进行及时跟进和修改。例如，部分村庄在推进“地埋式垃圾桶”项目时，在起始阶段没有将垃圾清运频次、村民参与度等纳入考核标准，从而出现“建而不管”的现象，这是标准动态调整机制不足的表现。这种情况的存在，无论是负责推动工作任务落实的各县区农业农村局的领导，还是在一线工作的干部，普遍表示目前清廉乡村建设总体实施方案缺乏具体化的量化建设标准。这使得他们在工作中缺乏明确的目标，难以确定工作基调，也难以找到准确的工作方向，因此难以取得具有特色的成果。

基于这种情况，唯有进一步完善联合共建机制，各级政府和相关部门都需要针对清廉乡村建设进一步完善相关的方案和制度，尤其需要尽快出台清廉乡村建设标准和特色示范创建方案。虽然当前的《实施方案》也明确了清廉乡村建设几个大类，但是这些类别下面没有细化的具体要求和标准。从《实施方案》的类别要求来看，显得比较笼统，缺乏细节。因此，需要从顶层开始，综合考虑各地的实际情况，尽快完善创建标准制度和监督考核制度，使工作目标更明晰、监督考核更具体。

（二）充实建设内容

清廉乡村建设是一个系统工程，涉及的内容范围应该包含但不仅限于村级财务管理、基层治理、廉洁文化、移风易俗等方面。从调研实际情况来看，大部分地方推进清廉乡村建设的着力点集中在培育清廉文化和乡村风貌改造上，打造文化长廊，提升乡村风貌，扩大美丽乡村的影响力，吸引游客来旅游参观，这些都成为各示范点的共同做法。在建设内容方面，部分重点领域仍显薄弱。比如，在村级财务监管方面，虽然通过“三务公开”“三资管理”等制度强化财务透明，但仍然存在漏洞，导致集体资金受损的情况出现，暴露出村级财务管理和审核机制的问题。此外，受传统习惯和守旧思想的束缚，在一些地方移风易俗树新风推进比较困难，超标准大操大办的现象依旧存在，反映出传统习俗与清廉治理的冲突。这些都是建设内容不够全面和充实的表现。

认识上的不足是导致出现当前状况的一个因素，而要有效提升这方面工作，必须将清廉乡村建设与清廉家庭、清廉学校、清廉企业等联合起来，通过联合共建作用的发挥，进一步强化教育以助推清廉乡村健康发展。联合共建中，必须强化党建的引领作用，不同的清廉建设单元都要引导广大党员干部积极参与“清廉服务”，坚持通过案例阐释纪律，加强党的理论教育、党性教育以及廉政教育。通过深化、规范化农村基层党组织的星级化管理，提升驻村干部和村“两委”干部队伍在业务素质、办事能力、服务意识等方面的建设，重点是要根据不同乡村发展情况，帮助他们不断壮大村级集体经济，并根据乡村党组织情况有针对性地将其打造成战斗堡垒，发挥其作用。此外，应重视宣传带动作用，抓好“积分制、清单制、数字化”的推广应用，打造集成化管理服务模式、构建网格化社会治理体系。还要强化移风易俗专项治理和教育引领，各村都应该尽量通过打造清廉文化阵地、挖掘清廉模范人物、宣传清廉文化故事等方式，以“清风”带动“民风”，让廉洁自律深入人心。同时，通过教育宣传，普及清廉乡村建设的内容和规模标准，使之广为人知。从调研情况来看，虽然各乡都张贴有清廉乡村建设的宣传标语，但是村民对其内涵的知晓率并不高，且各乡镇主抓的建设内容并不全面，存在片面和单一的问题。清廉乡村建设需要每一个村民动起来、参与进来，只有这样，各项建设内容才能取得进展。为了激发村民主动参与清廉乡村建设，就必须强化教育宣传，促使他们在转变思想的同时，转化为参与乡村建设的动力与并动起来，助推清廉乡村建设良性发展。

（三）强化建设统筹

清廉乡村建设属于综合性工作，建设内容多，涉及部门广，需要全社会各部门通力合作才能完成。例如，在《大力推进广西清廉乡村建设实施方案》中，具体的工作举措中涉及的责任单位就包括了自治区党委组织部、宣传部、政法委等，自治区民宗委、农业农村厅、民政厅、生态环境厅、司法厅、文化和旅游厅、审计厅、乡村振兴局等，自治区纪委监委驻自治区党委宣传部纪检监察组、驻自治区农业农村厅纪检监察组、驻自治区乡村振兴局纪检监察组等部门及其下属的机构和组织。当前，清廉乡村建设的牵头部门是农业农村部门，它不仅要负责组织协调，还需要与纪检、宣传等其他平级部门紧密合作，有时会给人一种小马拉大车的吃力感。由于农业农村部门与县级、乡镇级以及村级单位之间并不存在直接的领导关系，这就导致一些县、乡镇对清廉乡村建设工作的重视程度不够，从而使得督促基层党委、政府有效开展清廉乡村建设工作变得异常困难。据广西农业农村厅反馈，他们在推进清廉乡村建设过程中，无论是在人力、财力、物力还是在整体协调能力方面，都感到极大的压力和不足。只有进一步增强联合共建意识，并在联合共建机制方面有更明确的各方清单式的权限职责，这些问题才能有效化解，协调统筹才能更有效率。

（四）突出建设特色

清廉乡村建设工作作为乡村振兴战略中的关键一环，其重要性已无须多言，它需要真正发挥助推乡村振兴的作用。笔者在调研中发现，许多地方创建了县、市的清廉示范村，如柳州市环江村、崇左市堪爱村、南宁市围村村、桂林市龙溪村、梧州市泗洲村、北海市赤西村、钦州市青龙村、贵港市龙凤村、玉林市六龙村等。这些示范村在社会主义新农村建设时期、美丽乡村建设时期已经打下良好的基础，这些乡村即使不开展清廉乡村建设工作，其各项工作也已经很成熟，往往让其他基础较差的乡镇、村屯感到望尘莫及。因此，这些乡村作为清廉乡村建设创建示范点，实际上其成果展示很多是反映前期或现有乡村建设的成效。从乡村振兴建设的总体方向和要求上来看，清廉乡村建设作为乡村振兴的重要部分与环节，当然不应与其他项目建设完全割裂，另立炉灶，单独进行。但是清廉乡村建设有着与其他建设不同的特点和要求，关键在于示范创建村应该如何针对这些特点和要求，结合自身实际情况，发挥自身优势，推进清廉乡村建设，从而取得更大的发展。这正是示范村应当体现的特色和内涵。

笔者在调研中发现，目前大部分示范村还存在同质化与创新乏力的现象。比如，不少地方通过建设家风馆推广清廉文化，但传统家风教育的现代性转化的创新性不足，未能与现代乡村治理有效结合，建设趋于同质化而造成资源浪费。又如，在移风易俗方面，一些地方为了遏制攀比之风而设立了红白事的固定场所，但村民的参与积极性并没有达到预期，效果难以持久。这反映出清廉乡村建设工作尚处于持续深化探索的阶段，其针对性和创新性还要进一步增强。

目前，大部分示范点还没有形成可复制、可推广的成熟经验和模式，这种现状出现的原因之一是投入不够。一些县区反馈比较集中的是推进清廉乡村建设中人、财、物不足的问题，因为由上级调拨下来的建设资金大部分被重点投放到示范村庄的建设中，非示范村庄则因资金匮乏难以推广先进经验。构建清廉乡村建设工作的领导体系、政策体系、考核体系，即清廉乡村的“四梁八柱”，必须增加投入，特别是专项的清廉乡村建设配套资金，以加强人员调配和物资支持。清廉乡村建设不应只是几个示范乡村的建设，乡村振兴的道路上一个也不能少，清廉建设也应该覆盖遍及所有乡村。当前，清廉乡村建设从示范村看各方面可谓可圈可点、值得肯定，但示范的作用应是带动作用，而不是代表作用，我们不能用几个示范村代表整个清廉乡村建设的成效。这就需要进一步整合资源，综合协调各方之力，形成联合共建的强大助推力。通过不断多维度加大投入力度，将乡村振兴其他项目与清廉乡村建设有机结合起来，使人、财、物的调配与使用更优化、更合理、更具普遍性。只有通过联合共建，不断完善清廉建设奖惩机制和创新机制，鼓励各县区各乡村结合实施方案的要求和自身的实际，勇于创新，积极探索新路子、新方法，才能有效促进示范村以外的其他各乡村的规范性建设，从而助推清廉乡村全面优质发展。

参考文献

一、著作类

[1] 中共中央马克思恩格斯列宁斯大林著作编译局 . 马克思恩格斯全集（第 3、12、30 卷）[M]. 第二版 . 北京：人民出版社，2002，1998，1995.

[2] 中共中央马克思恩格斯列宁斯大林著作编译局 . 马克思恩格斯全集（第 26 卷）[M]. 第一版 . 北京：人民出版社，1972.

[3] 中共中央马克思恩格斯列宁斯大林著作编译局 . 列宁全集（第 31、36、37、40、42 卷）[M]. 第二版增订版 . 北京：人民出版社，2017.

[4] 中共中央马克思恩格斯列宁斯大林著作编译局 . 列宁选集（第 3 卷）[M]. 第三版修订版，北京：人民出版社，2012.

[5] 中共中央马克思恩格斯列宁斯大林著作编译局 . 马克思恩格斯文集（第 1—8 卷）[M]. 北京：人民出版社，2009.

[6] 中共中央马克思恩格斯列宁斯大林著作编译局 . 马克思恩格斯选集（第 1—4 卷）[M]. 第三版 . 北京：人民出版社，2012.

[7] 毛泽东 . 毛泽东文集（第 3、6 卷）[M]. 北京：人民出

版社,1996,1999.

[8] 毛泽东 . 毛泽东选集(第 1—4 卷)[M]. 北京:人民出版社,1991.

[9] 邓小平 . 邓小平文选(第 2 卷)[M]. 北京:人民出版社,1994.

[10] 邓小平 . 邓小平文选(第 3 卷)[M]. 北京:人民出版社,1993.

[11] 江泽民 . 江泽民文选(第 1、3 卷)[M]. 北京:人民出版社,2006.

[12] 胡锦涛 . 胡锦涛文选(第 2 卷)[M]. 北京:人民出版社,2016.

[13] 习近平 . 习近平谈治国理政(第 1—4 卷)[M]. 北京:外文出版社 .2018,2017,2020,2022.

[14] 江泽民 . 论党的建设 [M]. 北京:中央文献出版社,2001.

[15] 中共中央文献研究室,中央档案馆 . 建党以来重要文献选编(第 1、14、18、26 册)[M]. 北京:中央文献出版社,2011.

[16] 中共中央文献研究室 . 建国以来重要文献选编(第 1、11 册)[M]. 北京:中央文献出版社,1992,1995.

[17] 中共中央文献研究室 . 十一届三中全会以来重要文献选读(上下册)[M]. 北京:人民出版社,1987.

[18] 中共中央文献研究室 . 三中全会以来重要文献选编(上下册)[M]. 北京:人民出版社,1982.

[19] 中共中央文献研究室 . 十二大以来重要文件选编(上)[M]. 北京:中央文献出版社,2011.

[20] 中共中央文献研究室．十三大以来重要文献选编（上）[M]. 北京：人民出版社，1991.

[21] 中共中央文献研究室．十六大以来重要文献选编（上中下）[M]. 北京：中央文献出版社，2005,2006,2008.

[22] 中共中央党史和文献研究院．十八大以来重要文献选编（下）[M]. 北京：中央文献出版社，2018.

[23] 中央档案馆，中共中央文献研究室．中共中央文件选集（1949 年 10 月—1966 年 5 月）（第 24 册）[M]. 北京：人民出版社，2013.

[24] 中共中央党史研究室．中国共产党历史：第 1 卷(1921—1949)(上下册)[M]. 北京：中共党史出版社，2011.

[25] 中共中央党史研究室．中国共产党历史：第 2 卷(1949—1978)(上下册)[M]. 北京：中共党史出版社，2011.

[26] 人民出版社．十八大以来廉政新规定(2023 年版)[M]. 北京：人民出版社，2023.

[27] 李雪勤．清廉中国 反腐败国家战略[M]. 杭州：浙江人民出版社，2021.

[28] 陈秋红．美丽乡村建设：主体、重点与成效——农民视角的分析[M]. 北京：中国社会科学出版社，2021.

[29]《辉煌 70 年》编写组．辉煌 70 年：新中国经济社会发展成就（1949—2019）[M]. 北京：中国统计出版社，2019.

[30] 刘云根，王妍．美丽乡村建设创新理论与实践[M]. 北京：科学出版社，2019.

[31] 温铁军，潘家恩．中国乡村建设百年图录[M]. 重庆：西南师范大学出版社，2018.

[32] 徐勇 . 乡村治理的中国根基与变迁 [M]. 北京 : 中国社会科学出版社 ,2018.

[33] 傅春 , 唐安来 , 吴登飞 . 乡村振兴 : 江西美丽乡村建设的路径与模式 [M]. 南昌 : 江西人民出版社 ,2017.

[34] 刘利轩 . 新时期乡村规划与建设研究 [M]. 北京 : 中国水利水电出版社 ,2017.

[35] 本书编委会 . 中国美丽乡村建设政策汇编 [M]. 北京 : 经济管理出版社 ,2017.

[36] 张乐天 . 告别理想 : 人民公社制度研究 [M]. 上海 : 上海人民出版社 ,2016.

[37] 本书编写组 . 廉政新规速览 [M]. 北京 : 新华出版社 , 2016.

[38] 中共中央纪律检查委员会、中共中央文献研究室 . 习近平关于党风廉政建设和反腐败斗争论述摘编 [M]. 北京 : 中央文献出版社, 中国方正出版社 ,2015.

[39] 梁漱溟 . 乡村建设理论 [M]. 北京 : 商务印书馆 ,2015.

[40] 郑爱平, 张子法 . 清心正道 : 浙江大学廉洁教育与廉政文化建设的思考与实践 [M]. 杭州 : 浙江大学出版社 ,2014.

[41] 李惠斌 . 马克思《法兰西内战》研究读本 [M]. 北京 : 中央编译出版社 ,2013.

[42] 宋振国 , 刘长敏等 . 各国廉政建设比较研究 (修订版) [M]. 北京 : 知识产权出版社 ,2013.

[43] 柏荣 . 清廉中国法治中国与美丽中国 : 党的十八大精神专题学习与研究 [M]. 北京 : 中国检察出版社 ,2013.

[44] 王景新 , 鲁可荣, 刘重来 . 民国乡村建设思想研究 [M].

北京：中国社会科学出版社，2013.

[45] 刘杰．中国式廉政：道路与模式[M]. 上海：学林出版社，2012.

[46] 中国延安干部学院．中国共产党延安时期廉政建设史论[M]. 北京：中央文献出版社，2011.

[47] 李富强．乡土寻梦——中国现代乡土思想与实践[M]. 北京：人民出版社，2010.

[48] 辛秋水等．传统文化与现代文明相对接——新乡村建设的理论与实践[M]. 合肥：合肥工业大学出版社，2010.

[49] 费孝通．乡土中国[M]. 北京：北京出版社，2009.

[50] 杜润生．中国农村制度变迁[M]. 成都：四川人民出版社，2003.

[51] 徐勇．乡村治理与中国政治[M]. 北京：中国社会科学出版社，2003.

[52] 俞可平．治理与善治[M]. 北京：社会科学文献出版社，2000.

[53] 冯文彬等．中国共产党建设全书(1921—1991)[M]. 太原：山西人民出版社，1991.

[54][美]塞缪尔·P. 亨廷顿著；王冠华译；沈宗美校．变化社会中的政治秩序[M]. 上海：上海人民出版社，2017.

[55][美]道格拉斯·C. 诺斯著；刘守英译．制度、制度变迁与经济绩效[M]. 北京：生活·读书·新知三联书店，1994.

[56][美]詹姆斯·C. 斯科特著；王晓毅译；胡搏校．国家的视角：那些试图改善人类状况的项目是如何失败的[M]. 北京：社会科学文献出版社，2004.

二、期刊论文类

[1] 李林．乡村振兴与共同富裕：理论逻辑、现实挑战与实现路径 [J]. 河北大学学报（哲学社会科学版）,2024,49(02):125-136.

[2] 何锋，郑君标，李嘉星，等．“三廉”齐动，打造清廉乡村示范点 [J]. 当代广西 ,2024(03):58.

[3] 林白芹，李晓阳，窦克林．擦亮桂风壮韵清廉底色——广西持续深入推进清廉建设综述 [J]. 中国纪检监察 ,2024(16):14-17.

[4] 戴玉琴，景文清．改革开放以来乡村治理制度的发展谱系与价值旨归 [J]. 江苏社会科学 ,2023（05）:55-64.

[5] 弥乐．以中华优秀传统廉洁文化培养中国共产党人清廉操守 [J]. 中学政治教学参考 ,2023(36):70-74.

[6] 吕捷，赵丽茹．中国式现代化语境下的“宜居宜业和美乡村”建设 [J]. 学习与探索 ,2023（08）:132-140.

[7] 刘凤萍．中国共产党乡村建设的百年历程、基本经验与未来展望 [J]. 中共南京市委党校学报 ,2023（05）:24-32.

[8] 任建明．清廉建设：目标、条件与思路 [J]. 河南社会科学 ,2023,31（08）:18-25.

[9] 洪明星，李晓敏．清廉乡村建设注入振兴新动能 [J]. 当代广西 ,2022(12):32.

[10] 洪平平，梁玮．全面推进乡村振兴战略的时代背景、历史意义和实践路径 [J]. 中共南昌市委党校学报 ,2022，20(05):29-33.

[11] 董瑛，仲帅．清廉浙江：清廉中国的重要窗口——习

近平关于清廉中国建设重要论述在浙江的实践[J].中国浦东干部学院学报,2022，16(06):32-42.

[12]阳平.论党和国家监督体系的生成逻辑与基本内涵[J].山东师范大学学报(社会科学版),2022，67(05):49-60.

[13]李晓敏，洪明星.广西清廉乡村建设的实践及经验启示[J].桂海论丛,2022，38(06):89-92.

[14]陈嘉尧，曹燕菲.数字化改革背景下清廉乡村建设发展的路径探究——以浙江省湖州市为例[J].农村经济与科技.2022,33(19):163-166.

[15]吴帅，胡仲仲.清廉浙江:清廉中国的先行者与生动范例[J].观察与思考,2020(10):90-95.

[16]李雪勤."清廉中国"的期盼、目标和实现路径[J].廉政学研究,2020(01):14-22.

[17]徐喜林，徐栋.刍议"清廉中国"国家战略的提议与实施[J].廉政文化研究,2019,10(06):7-15.

[18]侯万锋，丁志刚.中国共产党百年乡村治理:特征、经验与转向[J].青海社会科学,2022(02):122-128.

[19]韩雨楼.中国古代官箴文化的清廉思想及其启示[J].河北省社会主义学院学报，2020(04):91-96.

[20]陈静,曾毅.论"清廉中国"成为国家战略之必要[J].廉政学研究,2020(01):37-56.

三、学位论文类

[1]郭易楠.中国共产党领导乡村振兴研究[D].中共中央党校(国家行政学院),2024.

[2] 李红星 .Z 县清廉村居建设问题与对策研究 [D]. 西南科技大学 ,2024.

[3] 王芯雨 . 湖北省武汉市黄陂区“清廉村居”建设研究 [D]. 湖北大学 ,2024.

[4] 刘心蕊 . 新时代乡村治理体系现代化研究 [D]. 吉林大学 ,2023.

[5] 王叶君 . 党建引领乡村治理的整合优化研究 [D]. 山西财经大学 ,2023.

[6] 巨亚丽 . 习近平生态文明思想指导下的生态宜居美丽乡村建设研究 [D]. 安庆师范大学 ,2023.

[7] 李建礼 . 新时代党建引领乡村治理研究 [D]. 武汉大学 ,2023.

[8] 高文勇 . 中国共产党百年廉政话语的历史经验与现实启示 [D]. 东北师范大学 ,2022.

[9] 郑茜子 . 乡镇“清廉村居”建设研究 [D]. 西北农林科技大学 ,2022.

[10] 冷炳磊 . 基层社区“清廉村居”建设的实践探索与完善思路研究 [D]. 青岛大学 ,2022.

[11] 蔡雨默 . 温州市瓯海区推动“清廉民企”建设研究 [D]. 福建农林大学 ,2022.

[12] 唐瑾 . 马克思主义生态文明思想视角下的中国美丽乡村建设研究 [D]. 湖南师范大学 ,2021.

[13] 曾毅 .“清廉中国”成为国家战略的可行性与推进路径研究 [D]. 黑龙江省社会科学院 ,2021.

[14] 高啸 . 乡村建设的理念、逻辑与路径研究 [D]. 南京农

业大学,2021.

[15]王少伯.新时代乡村治理现代化研究[D].中共中央党校,2020.

[16]严丽丽.温州市瓯海区“清廉村居”建设研究[D].福建农林大学,2020.

[17]阳斌.新时代中国共产党乡村治理研究[D].西南交通大学,2019.

[18]徐绯璐.马克思恩格斯廉政思想及其当代价值研究[D].大连海事大学,2019.

[19]王康利.定海区清廉村居问题研究[D].浙江海洋大学,2018.

四、报纸类

[1]习近平.在全国脱贫攻坚总结表彰大会上的讲话[N].人民日报,2021-02-26(02).

[2]吴向正,甬纪轩.踔厉奋发,加快打造新时代清廉建设高地[N].宁波日报,2025-01-20(01).

[3]李灿,仲瑶卿.加快打造新时代清廉建设高地[N].浙江日报,2025-01-10(02).

[4]李晟,卢彬彬,彭娜,张燕.清风起,监督服务显真章[N].广西日报,2024-08-03(08).

[5]高炳.以治理创新提高乡村善治水平[N].人民日报,2024-05-21(05).

[6]魏碧锋.五大行动 提质清廉广西[N].广西日报,2024-05-17(05).

[7] 王冰洁. 浙江按下纵深推进清廉社会组织建设“启动键”[N]. 中国社会报,2023-11-27(01).

[8] 窦瀚洋. 以善治建设和美乡村[N]. 人民日报,2023-06-29(05).

[9] 孟祥夫. 建立“四张清单”推进廉洁治理[N]. 人民日报,2023-06-13(19).

[10] 高峰. 清廉文明润万家 讲好崇廉“家”故事[N]. 中国妇女报,2023-04-17(05).

[11] 陈静,庞姚明,张光耀. 为乡村振兴注入清廉动力[N]. 广西日报,2022-08-18(01).

[12] 颜新文,黄也倩,宋哲源. 坚定不移全面从严治党 纵深推进清廉浙江建设[N]. 浙江日报,2022-06-22(11).

[13] 盛若蔚. 全面提高新时代党的农村基层组织建设质量[N]. 人民日报,2019-01-12(04).